ツーリズム・プロダクトの社会的価値

「魅力」という表象

安福 恵美子 著

流通経済大学出版会

はしがき

　本書は、ツーリズムによって創り出される「魅力」とは誰にとっての魅力なのかを問うものであるため、地域の「魅力」をいかに高め、集客に結びつけるかについての手引書ではない。しかし、個々人によってもその捉え方が異なる「魅力」が、ツーリズムという「場」における集合的な活動の表象として創出・維持されるプロセスに注目する本書は、「地域の魅力創出」のための手引書としての役割は果たせないが、ツーリズムに関わるエリア・地域の「魅力」について考えるきっかけとなるような分析を目指したいと考える。

　近年、メディアによる地域の紹介には、「魅力」という言葉が頻繁に登場する。たとえば、「いかに地域の魅力を見つけるか」、「魅力向上を目指して」、「魅力の掘り起こし」などの表現とともに紹介されるのは、「地域資源の観光活用」による集客という成果である。そして、「観光資源」がない地域は「魅力」が無い地域として、そこに住む人は恥ずかしいと思っている、というような内容のテレビ番組からは、「魅力」の強要がみられる。そのため、観光という行為をする人が訪れる観光空間が生活空間と重なる地域に注目し、地域ツーリズムの「魅力」創出・維持プロセスに焦点を当てる本書では、空間を構成する主体によってその捉え方が異なる魅力に、かぎかっこを付け、

「魅力」とする。

　レジャーを目的として多くの人々が自宅を離れ移動する目的となる観光資源あるいは観光対象は、英語で tourist/tourism attraction と呼ばれる。人を魅了して引き付ける（attract する）attraction は、ツーリズムを促進させるための核となるものであるが、人を魅了して引き付ける（attract する）ためには、それが見つけられ、人々に広く知られ、提供される必要があるだけではなく、それを維持するためには適切に管理される必要がある。このようなプロセスすべてが組み込まれた重層的な活動全体を促進する「観光資源」あるいは「観光対象」は、英語の attraction（魅力という意味がある）という語義から想起される対象のみを指すのではなく、社会的な意味を含む。

　ツーリズム研究が社会学の分野に登場した1970年代頃から、ツーリズムは文化との関係において、その生産・再生産が語られるようになった。本書の前半（とくに第１部）でレビューとして参考あるいは引用している文献は、いわば「古い時代」の社会的事象を分析対象としている。しかしながら、その後、何十年も経過し、世界情勢、さらに、近年急速な発展をみせる IT 技術などにより、ツーリズムを取り巻く環境は大きく変化しても、これまで分析対象とされてきたツーリズムにおける演出性は変わらないばかりか、より複雑化、かつ強化されている。そのため、演出性を特徴とする現代のツーリズムによって生産（生成）されるプロダクトに対しては、「魅力」や「価値」という言葉が頻繁に使用されるが、誰がどのように語っているのか、その視点は個々人、あるいはツーリズムに関わる主体によって異なる。その多様な視点への一つのアプローチとして、本書では、近年、関心が高まる「持続可能性」に関わる新たなツーリズム・プロダクトの創出プロセスを示すとともに、「地域」がデスティネーションとなるツーリズムに対して、観光という行為をする人（ツーリスト）による「経

験」や、それを創出する側（対面的だけでなく、演出性という「装置」に関わる側）とは位相が異なる「経験」の主体（ビジネスとしてツーリズムに関わらない地域住民）に焦点を当てることにより、ツーリズムによって生産（生成）されるプロダクトの社会的価値について考えていきたい。

　本書では、一部の文献については、注として各章に示している。また、外国人名は、一部を除き、原語で示した。なお、第 2 部第 6 章におけるツーリズムとリスクに関する箇所では、参考・引用文献リストに挙げた拙稿に、修正・加筆を行なっている。そして、「ツーリズム」と「観光」、「ツーリスト」と「観光客」が混在している点については、つぎのように考える。まず「ツーリズム」と「観光」については、「ツーリズム」を「観光」より広義として、その社会現象を示すものとして、また、「ツーリスト」と「観光客」については、「観光という行為を行う人」として広く社会的事象を指す際に「ツーリスト」を使用している。「観光客」については、「観光者」のほうがふさわしいが、一般的に「観光客」と呼ばれていることに加え、第 2 部では、おもに国内の観光動向に焦点を当てているため、参考・引用資料において使用されている「観光」、「観光客」に統一した。基本的には、このような使い分けをしているつもりではあるが、これらが混在している箇所も多々ある。

　最後に、おもに事象・現象に対する分析箇所において、「観光」ではなく、「ツーリズム」を使用している理由として、次のような点も付け加えておきたい。「観光」は、多くの場合「観光振興」と同義語のように使用される傾向がみられることに対して、筆者はそのような捉え方をしていないという意味を込めている。

目　　次

序　章

社会的空間としてのツーリズム

　人々をどこかへ向かわせるため、我々の周りにはさまざまな広告コピーが溢れているが、そのなかで、たびたび登場するのが「体験」や「経験」である。「体験」や「経験」は、広告コピーだけでなく、ツーリズムに対する言説において頻繁に使用されているが、なかでも、環境に対する人々の関心を背景として企画されるようになったエコツアーでは、「体験」や「経験」が他のツアーとの差異化を示すキーワードとなる。

　　「知識があり、熱心なナチュラリストによってガイドされるツアーは、
　　忘れられない経験をツーリストに提供します。そのため、ツーリスト
　　がこのツアーを一生の思い出として捉えるならば、その代金は高いと
　　は思わないでしょう」[1]。

　さらに、つぎのような表現には、「経験」がいかにツーリズムにおいて重要であるかが示されている。

　　「ビジターが国立公園から持ち帰るのは経験である」[2]。

「ツーリズムは経験を売る。そのため、ツーリストがお金を払って手に入れるものが経験だとするならば、それは評価の基準となる経験の強さであり、経験それ自体を指しているのではない」（Ryan 1997: 23）。

　ツーリズムは社会現象であって生産活動ではなく、経験というプロセスであってプロダクトではないことからツーリズムは産業ではない、という捉え方がある一方、ツーリズムを社会現象および経験（つまりプロセス）とする考え方には同意するものの、ツーリズムは産業として分類され、そのデータが示されている、とも指摘される[3][4]。このような相違は、消費者が商品の存在する場所へ自宅を離れて向かうことをその特徴とするツーリズムにより生産されるプロダクトの特性を明確にできないことに起因している。

　では、さまざまな分野に及ぶツーリズムを産業として捉えた場合、ツーリズムは何を生産する産業なのであろうか。ツーリズムが産業であるならばそのプロダクトが存在するはずである。ツーリストへの対応がビジネスと関連する観光産業によって使用される「プロダクト」という言葉は、たとえば航空機の座席、ホテルの部屋、ツアーのための予約など、個々の事業体によるサービスを指すことから、消費者（ツーリスト）が自宅を出発して帰宅するまでのすべての経験を指すツーリズム・プロダクトは、単一ではなく、さまざまな要素の混合物であり、消費者が生産地点に到着して最後のプロセスに関わらない限り存在しない。

　ツーリストが移動することにより生産され、消費されるプロダクトには消費者（ツーリスト）による期待が反映される。そのため、プロダクトの生産には、物理的空間ばかりでなく心理的空間の形成プロセスにおいて、空間のマネジメントが大きく関わる。たとえば、パッケージ・ツアーなど、仲介というサービスが大きく関わる空間では、

その程度は異なるものの、サービス提供者にはツアー参加者がレジャー経験に対してマネジメントができないような状況に遭遇しなくても済むような設定が求められる。そのため、「アドバイスを多く必要とされる商品」[5]と表現される旅行には、「仲介」というマネジメント（コントロール）が重要な役割を果たす。

　「かつての城壁も今では一大観光地」というコピーがある。これは、城壁という遺産（ヘリテージ）がツーリズムというコンテクストにおいて、観光資源・対象となったことを示すものであるが、観光資源・対象は英語では tourist/tourism attraction と呼ばれる。観光資源・対象は人を魅了して引き付ける（attract する）ものであり、歴史的建造物や遺跡、また自然や自然の一部としての植物や動物など、さまざまなものや事象が観光資源・対象となる。何が観光資源・対象となるかは個々人によって異なるが、観光資源・対象は人々に自宅からの移動という行動を生じさせる。観光資源・対象は、ツーリズムを促進させるための核となるものであるが、人を魅了して引き付ける（attract する）ためには、それが見つけられ、人々に広く知られ、提供される必要がある。そのため、観光資源・対象は観光関連産業の発展において重要な役割をもつが、ツーリズムという活動を促進する観光資源・対象の創出・維持にはさまざまな主体が関わる。そのため、ツーリズムは、産業的な要素ばかりでなく非産業的要素をも併せもち、両者の協働が重視されるため、「資源産業」[6]、さらには「社会制度」[7]とも捉えられる。

　ここで、本書が注目したいのが、ツーリズムの社会・文化的特性である。20世紀後半から21世紀にかけて、社会の近代化に対する文化への言及として、ツーリズムによる「文化生産」という考え方に対する関心が高まった。

「ツーリズムは経済や経済的変化における戦略的に重要なセクターとなりつつあるばかりでなく、近代における文化変容のための重要な力となりつつある」（Roche 1992: 341）。

「ツーリズムの最も重要な特徴の一つとして挙げられるのは、ツーリズムは、ある意味においてファッション産業だということである。需要と供給というこの複雑な関係は、人々の理解、認識、期待、態度、そして価値に基づいている。したがって、ツーリズムに関わるということは、変容する強力な文化というフィルターの影響を受けやすい」（Prosser 1994: 22）。

「ツーリズムという活動は、輸送、宿泊、そして、旅行者のエンターテインメントという分野を越えるものである。観光産業は、夢や消費主義と結びついた文化を売るビジネスであり、その特性はツーリズム関連のパッケージ商品という形にあらわれるが、そのようなパッケージ商品は、消費者に経験、記号、シンボルを提供し、新奇性への探求をますます促進する」（Britton 1991）。

　文化的な意味をもつ集合的な活動の表象としてツーリズムを捉えるこのような言説からは、その活動を生み出す（生成する）「空間」が社会的特性を映し出すものであることがわかるが、この点について考えるために参考にしたいのがルフェーヴルによる「空間」、さらには、ギデンズによる「場」に対する考え方である。まず、ルフェーヴルによって示された「社会的生産物としての空間の概念」は、空間を「生産物として、相互作用や反作用を通して、生産それ自身に介入」し、「実践の諸側面と結びついて、それらを調整する。つまりまさしく「実践」を通して実践の諸側面を結び合わせる」ものとして捉えら

れている（ルフェーヴル 2000: 7-8）。また、ギデンズは、社会的営み
が、その営み自体に関して新たに得た情報によって、つねに吟味さ
れ、改善され、常にその営み自体の特性を本質的に変えていくという
性質をもっているとして、さまざまな実践が演じられる舞台を「場」
と呼ぶことにより、それを相互行為（インタラクション）が行われる
空間として捉えている（Giddens 1990＝1993）。

　ツーリズムは、レジャーを目的として移動する人（ツーリスト）と
その移動に付随して生じるさまざまな活動の集合的表象であるが、そ
の活動を規定する空間における実践によってその特性が異なる。そし
て、一時的な関わりをその特徴とするツーリズムにおける社会関係
は、連続性によって成り立つそれとは異なることから、関係性の秩序
を維持するためのメカニズムが必要となる。そのため、ツーリズムに
よって生産されるプロダクトにおける社会関係をみることは、それを
生み出す社会的・物理的・心理的環境の背景を探ることである。

　ツーリズムはツーリストとホストが出会うことによって、互いが異
なる文化を認識する機会として、国際平和と理解あるいは文化交流促
進のため、国際機関によって推奨されるとともに、巨大な規模の産業
としてその経済的効果が強調されてきた。しかし、その一方で、デス
ティネーションとなる地域社会に与えるさまざまな負のインパクトが
文化人類学や社会学の研究対象となってきた。推奨される一方で、負
のインパクトが指摘されるツーリズムという活動が成立する空間にお
いては、重層的な主体の組み合わせによって機能するシステムが存在
し、そこには、関与する主体によって異なる価値基準が存在する。そ
のため、ツーリズムによって生産（生成）されるプロダクトは、それ
を生み出す社会的空間における価値を反映したものとなる。

　最後に、本書の構成について述べる。

本書は2部から構成されるが、第1部においては、おもに拙著『ツーリズムと文化体験 ―＜場＞の価値とそのマネジメントをめぐって―』（流通経済大学出版会 2006年）に大幅な修正・加筆を行っている。前書では、20世紀後半〜21世紀にかけて行われたツーリズム研究のレビューを中心として、多様なツーリズム形態に対する検討を行っているが、そのなかには、近年、国連によって SDGs として示された目標に関わる概念（たとえば、ジェンダーや「持続可能な」（サステイナブル）ツーリズム）も考察対象としていた。そこで、本書では、前書において記したツーリズムによる文化の生産・再生産プロセスに対する検討箇所のなかから、一部を改めて示すとともに、観光資源・対象の創出・維持「装置」に焦点を当てる。なお、ツーリズム・プロダクトの「生成」ではなく「生産」としているのは、ツーリズムを「文化生産（cultural production）」と捉えているからである。

　第2部では、とくに「観光立国推進基本法」（2006年）の成立を契機として、観光に関わる動きが一層活発化している国内におけるツーリズムによる「魅力」の創出およびその維持に関わる社会的事象を取り上げる。そして、近年にみられるグローバルな動きとして、サステイナブルツーリズムにおける認証と価値評価のメカニズムに対する検討を通し、それが国内における「持続可能な観光」として広がるシステムを、メディア（媒体）の関与という視点から示す。そして、観光資源・対象の特性によって異なるツーリズム空間のなかでも、「地域」で展開されるツーリズムによって生産されるプロダクトをリスクや信頼というキーワードから捉えるとともに、ビジネスとしてツーリズムに関わりをもたない人々の生活空間が観光空間と重なることによって生じるツーリズム・プロダクトの品質に対する社会的価値を、主体によって異なる価値基準から考える。

＝〈注〉＝

1)　環境インタープリテーションに関する解説書 *Environmental Interpretation*
（Ham 1992: 186）における事例研究の記述にみられる表現より。

2)　アメリカの国立公園 Web 上にみられたコピー。

3)　たとえば、前者については、Davidson 1994、後者については Theobald
1994などによる。

4)　日本においては、一般的に「観光産業」と使用されることが多いが、
日本標準産業分類において、「観光産業」という区分は存在しない。

5)　Hjalager 1994。

6)　Murphy 1985。

7)　Smith, V.L. and Eadington 1992。

第1部

ツーリズム・プロダクトの生産プロセス

第 1 章

社会現象としてのツーリズム研究の視座

1 ツーリズムによる文化生産

1-1 ツーリズムと文化体験

ツーリズムを近代における社会的に組織化された文化表象システムとして捉えることにより、観光という行為をする人であるツーリストの「文化体験」を著書 *The Tourist*（1976年出版）において示したアメリカの社会学者 MacCannell. D は、観光資源・対象を指す英語の attraction という表現に特別な意味づけを行っている。そして、attraction の構造分析を通して、近代世界が一つの巨大な attraction となり、未知なる場所における新たな体験を求めて巡るツーリストのために意図的につくられていることを「文化生産（cultural production）」と捉えた（MacCannell, 1976/1989）。彼は、ツアープログラム、旅程、コース、名所、スペクタクル、風景など、近代にみられるさまざまな事物の価値は、それらを生産するために必要な総労働量によって決定されるのではなく、むしろ、その価値はそれらが約束する経験や

体験の質および量がどのように機能しているかを反映していると考え、それを機能させるための制度的な仕組みを商品化プロセスのダイナミズムとして示した。

　文化は差異化のための装置であり、組織を統合するための装置であると考える彼は、近代においては、社会、歴史、自然などすべてがattraction へと変わる可能性があることから、ツーリストの文化体験には、経済的価値を含めた諸々の価値が究極的なかたちで集積していること、さらに、他の多くの商品同様、ツーリズムは人々に強い願望やファンタジーをアピールする広告を媒体としてパッケージ化され、記号・イメージ、構築・操作という関係に固定されていることを、つぎのような関係性から捉えた。

attraction［マーカー（marker）／見どころ（sight）／ツーリスト（tourist）］

　MacCannell は、このように三つの要素による経験的関係として示される attraction を、人を魅了して引き付ける（attract する）という語義によって想像されるような観光の対象としてだけではなく、ツーリストが行動を起こすための装置、つまり、ひとつの社会構造のモデルとして捉えている。そして、近代社会においては、あらゆる attraction は文化体験であると考える彼は、文化体験は二つの要素から成り、この二つの要素は結合されているとして、つぎのような二つの要素を示した。その要素の一つは、日常生活の局面を舞台や映像などで表現したものであり、彼はこれを「モデル（model）」と呼ぶ。もう一つの要素は、モデルに基づいて変化したり、生み出されたり、あるいは強調される信念や感情であり、彼はこれを「影響（influence）」と呼ぶ。「モデル」と「影響」とを結合させるのが「媒体（medium）」である。彼は、これらの文化モデル、その影響、両者を結合する媒体、これらを

めぐって形成されるオーディエンス、さらにその背後にいる製作者側、つまり、監督、俳優、エージェント、技術者および配給者などすべてを含め、「生産（production）」と呼んだ。

　attraction の構成要素のなかで、一番重要であると MacCannell が考えるのはマーカーである。彼はマーカーについて、つぎのように説明している。マーカーとは、見どころに関する情報であるが、この場合、どのような情報をも包括するものとして用いられている。たとえば、旅行案内書、博物館ガイド、旅行体験談、美術史のテクストや講義、学位論文集などに盛り込まれている情報もマーカーである。このマーカーが無ければツーリストは見どころを認識することができないばかりか、見どころ自体もあるべき姿としては存在し得ないのである。

　マーカーの役割について、MacCannell はつぎのように説明する。ある特定の場所がツーリストの旅程に組み込まれるためには、そこがユニークであることによって人々の注目を集めるような際だった特徴によってマークされなければならない。attraction の特徴は、見どころのマーカーへの依存度である。「何でもない」見どころがふさわしいマーカーを付けられることにより attraction になる。もしある場所がマークされていない、つまり差異化されていなければ、そこは特徴ある見どころとは考えられない。attraction におけるマーカーの重要性は、マーカー自体が見どころとなる、つまり、マーカー自体が、まなざしの対象としての attraction になることにある。見どころを見どころたらしめるのは見どころをマークするというプロセスであるため、attraction を欠いた場所というのは、見どころが無いためではなく、マークされるそのプロセスが発達していないのである。そして、ツーリストを呼ぶことによって近代化を進める地域にとって問題となるのは、その地域に見どころが無いことではなく、世界的に知られるような見どころの情報としてのマーカーというシステムが十分に発達

していないからである。

> 「ツーリズムにおける本当のマーカーには、学術的ないしは歴史的視点
> からの本当の価値はまったく必要ない。本当であるということは、本
> 当でないとされる情報への二項対立のシステムから生ずるのである。」
> （p.139）

このように述べる MacCannell は、ツーリストが見どころを巡ることによって見どころを再びマークし、見どころを広めるプロセスは、ツーリストが本当のマーカーになるうるマーカーを生み出すプロセスであることから、そこには社会的現実の生産に関わるツーリストの存在が映し出されていると考える。さらに、彼は、マーカーが十分ではないためにシステムとしてうまく機能していない場合がある一方、あまりにも多くのマーカーが存在することによって、ツーリストにとっては行き過ぎたコマーシャライゼーションと映る場合もある、とも述べている。

ツーリズム現象分析において、記号価値という新たな価値を導入することによって、商品化というプロセスを説明しようとした MacCannell が示したのは、attraciton というシステムにおけるプロダクトの生産であることから、彼が示す「文化生産」とは、プロセスだけではなく、そのプロセスから派生するプロダクトを指している。

1-2　ツーリズムの演出性とオーセンティシティ

消費という視点からツーリズムを捉える MacCannell によって示された attraction とは、ツーリストの観光対象であると同時に、ある社会的グループや個々人にとって意味ある記号であり、ツーリストにとって深

い意義をもつ社会的シンボルである。そのため、ツーリストが国や地域の文化財や自然を観光の対象として訪れるという行為により、「行かなければならない」あるいは「見なければならない」見どころとなることは、その対象が国や地域の価値あるものとして認められることを意味する。彼は、見どころがつくり出されるプロセスについて、その制度的なメカニズムを「見どころの聖化（sight sacralization）」と呼び、見どころをつくり出すプロセスとしての「聖化」を「名づけ naming phase」、「枠づけと顕示 framing and elevation phase」、「秘蔵 enshrinement」、「機械による複製 mechanical reproduction」、「社会的複製 social reproduction」という五つの段階に分類した（pp.44-45）[1]。

　このような「聖化」プロセスは、ツーリストのまなざしの対象を日常の平凡な光景から際立たせることである。そのため、MacCannell は、「聖なる」ものとして、空間的に他のものと区別される attraction は、価値を伴う、つまり価値を決定するためのプロセスを伴うと考える。彼は、近代におけるツーリストの経験が仲介されたものとなってしまったこと、つまり、対象のオーセンティシティ（真正性）を教えられることにより、人々は、はじめてそれを確認することができるという矛盾した状況を示すことによって、それをツーリストによる記号探しのプロセスとして捉えた。ツーリスト用に用意されたさまざまな社会的・経済的な仕組みのなかで、表舞台から裏舞台へ進むツーリストが希求するオーセンティシティ（真正性）に対する文化資本の関与を示そうとした MacCannell の関心は、生産と消費というツーリズムの舞台セットにおいて、表舞台がどのようにして裏舞台と協働するようになったのかという点にある。

　彼は、近代においては、人類学者が分類してきた「本当の」あるいは「オーセンテックな」文化がますます無くなりつつあること、そして、その代わりに、今われわれのまわりにある文化は、他の文化ある

いは異なる時代からの借り物であることから、すべての文化が似てきていると指摘する。そして、オーセンティシティを社会を映し出す概念として捉える彼は、ツーリストに対して用意される装置、つまりツーリスト用空間にみられる社会構造上の仕組みを「舞台化されたオーセンティシティ（staged authenticity）」と表現した。ツーリストを呼ぶ（attractする）ための「ツーリスト用」と「ツーリスト用ではない」、つまり、ツーリストのためにマークされていない「本当の」、という二極間における表と裏の境界呈示のプロセスを文化生産として捉える彼は、この仕組みをツーリズムの発展にともない出現した現象であると考える[2]。

　ツーリズムの演出性分析のために、MacCannell が示した「舞台化されたオーセンティシティ」は、ツーリズム分析における重要な概念として広く用いられてきた一方、批判の対象にもされてきた。それは、すべてのツーリストはオーセンティシティを求めているわけではないため、現代社会におけるツーリズム現象のすべてを包括できるほどの分析力をもっていないという批判である[3]。このような批判も含め、MacCannell が示した「舞台化されたオーセンティシティ」という表現が広くツーリズム現象分析において注目されたのは、オーセンティシティという概念が、ツーリズムの演出性という特性に対してだけに留まらず、広く社会的イメージ形成に対する分析に用いることができるからである。

2　オーセンティシティ・消費・場所性からみるツーリズム

　MacCannell によるオーセンティシティという概念をもとに、文化とは演出されたものであり、一見オーセンティックに見えるものはどれも演出されたものであると考える Urry は、ポスト・ツーリスト像をつぎのように示す（Urry 1988, 1990a）。まず、ツーリストはツーリズムの仕組みをよく知っていて、すでにオーセンティックな体験などできないことをわかっている。ポスト・ツーリストにとって、観光対象がオーセンティックでないことなど問題とはならない。彼らは偽りのオーセンティシティで十分満足する。たとえば、一見、オーセンティックに見える漁村などは観光収入がなければ存続し得ないことを知っている彼らは、きれいな観光パンフレットはポップ・カルチャーであると考える。つまり、彼らにとって、ツーリストであることは、一つのゲームであることから、そのゲームのなかに楽しみを見つけようとするのである。ツーリストに好まれるようなプロダクトとしてデスティネーションは市場に出されるが、ツーリストの行動を理解することの難しさは、何が消費されるのか明確ではないことに起因する。

　このように考える Urry は、著書 Consuming places のなかで、人の移動によって生じるツーリズムという現象が、モノやサービスの消費とともに、場所の消費と密接な関係性をもつことを示した（Urry 1995）。この特性のなかには、ツーリストとその対象となる地域の人々双方によるアイデンティティの消費も含まれるが、このような考え方は、レジャー活動を目的とした人の移動現象における場所という要素の重要性に基づいている。それは、場所に関わるモノやサービスの消費と楽しみのパッケージ化が、場所とリンクされることによって示される経験へのアプローチ、つまり、場所をツーリズムにおける消費のプロセ

スにみられる社会関係として捉える視点である。このように、Urry
は、ツーリストが希求する観光対象のオーセンティシティに対する考
え方は MacCannell とは異なるものの、消費という視点からツーリズ
ムを捉える視点は同じであり、「グローバルな消費文化」としての
ツーリズムが場所の形成に関わり、その社会的イメージの構築と密接
な関係をもつことを指摘した。

　一方、Urry が示した「場所性」をツーリズムの重要要素とは捉え
ない立場をとるのが Cohen である。彼はつぎのように考える（Cohen
1995）。現代におけるシミュレーション技術の発達により、人工的観
光対象はある特定の場所に限定されたものではなくなってきた。その
ため、目的地における経験が日常生活では得られないことを前提とす
るツーリズムは、わざわざ自宅を離れて移動する必要が無くなること
によってレジャーとの境界が実質的には消滅するであろう。このよう
に、現代のシミュレーション技術が「本当の経験」と「シミュレート
された経験」の差を無くすことをポストモダンの特徴として捉える
Cohen は、それを「脱場所性」と表現する。

　Cohen がいうように、以前は観光資源・対象が存在するところへ出
かけることによってのみ得られた経験は、自宅での経験とその差が無
くなりつつある。しかしながら、今日、人工的観光対象を代表する
テーマパークは多くの人々を引き付けているが、それは、自宅では味
わえない直接的な体験や対人的なサービスを受けるという経験を人々
に提供しているからであり、エンターテインメント空間がツーリスト
用につくられた人工的アトラクションを一層発展させていくための手
法を駆使することによって、訪れるという行為を人々の共通の体験と
してシステム化させているからである。

　以上、ツーリズム研究が社会学の分野に登場した1970年代頃から多く
の研究分析において取り上げられてきたオーセンティシティ、消費、場

所性に関わる研究のレビューである。なかでも、MacCannell による「舞台化されたオーセンティシティ」は、多くの研究において使用されてきたが、この表現によって彼が示そうとしたのは、観光産業によってツーリスト用にセットされたツーリズムという構造上の仕組みであり、システムであった。しかし、この表現が注目を集めた一方、ツーリズム構造分析の核として示された attraction というシステムに対しては、「舞台化されたオーセンティシティ」ほど注目されていない。

　本章で取り上げたツーリズム分析が示された頃からみると、ツーリズムを取り巻く環境は大きく変化しているなかで、本書が「文化生産」としてのツーリズム分析において使用したいキーワードは、社会を映し出す概念として捉えられたオーセンティシティであり、もう一つは attraction というシステムの要素として示されたマーカーである。しかしながら、二つ目のマーカーについては、MacCannell によって示されたマーカーとは多少異なる使い方をしている。彼が示したマーカーは、おもに観光産業を中心としたメディア（媒体）によってコントロールされた attraction というシステムを機能させる視覚専制の差異であり、システムを構成する要素間の関係性によって決められる記号の価値であった。そのため、ツーリズム・プロダクトの生産に関わる要素間の社会関係にみられる異なる価値基準に対して関心を向ける本書では、彼によって示されたマーカーの機能に注目しつつ、マーカーの働きが新たに誕生するツーリズム形態に対して関与する価値付与というシステムへの一層の広がりに焦点を当てていきたい。

───〈注〉───

　1 ）　①「名づけ」は、対象の価値に対する検証が行われることであり、ツーリストが見どころを訪れることによって示される社会的認知である。

　　②「枠づけと顕示」は、対象を保護し、強化するための制度的な枠組みが構築される段階において、対象のまわりに正式な境界を設けることであり、対象を見えるように呈示することである。

　　③「秘蔵」とは、たとえば、貴重な文化財を展示するために作られる博物館がその文化財の名称をつけることにみられる。

　　④「機械による複製」は、印刷物、写真、模型あるいは人物像などが作られることを指す。この段階は、ツーリストが本物を求めて旅行に出かけようとするきっかけづくりに対してもっとも強い影響を与える。

　　⑤「社会的複製」は、集団、都市、地域などがその有名な観光対象にちなんだ名前をそれぞれの場所につけはじめることによって生じる。

2）　MacCannell によって示された「舞台化されたオーセンティシティ」という概念を事例研究に用いた Cohen は、タイのチェンマイに住む山岳民族であるメオ族（Meo）が住む Doi Pui 村のツーリズム構造をつぎのように説明する（Cohen 1979: 14-15）。この村にツーリストが到着すると、彼らは村の入り口で民族衣装を着た「山岳民族」と土産用の工芸品が売られているのを見るが、ここはツーリスト用につくられた空間であることは誰の目にも明らかである。ツーリストは、山の高所には住民の居住区域があり、そこはツーリスト用の空間ではないことを知っている。そのため、山岳民族の「本当」の暮らしを見てみたいと思うツーリストの一部が、住民の居住区域の一番低い所を訪れるが、実際そこは MacCannell がいう「舞台化されたオーセンティシティ」という装置としての空間であり、そこで住民はツーリストが来ても無関心を装っているが、ツーリストが写真を撮ると報酬を要求する。このような空間は山岳民族の本当の暮らしを見たいと思って訪れたツーリストにとっては裏舞台であるが、実際そこはまだ表舞台なのである。

3）たとえば、Cohen 1979, 1985; Schudson 1979; Urry 1990a; Crik 1989。

第2章

観光資源・対象の類型化とマネジメント

1 観光資源・対象の類型化

　レジャーやエンターテインメントに付随するサービスを期待する消費者（ツーリスト）は、サービスが提供される場所へ移動し、そこでサービス提供者による対応を受けるが、その際、ツーリストに対するサービスは対面的である場合が多い。人々のレジャー経験はサービス環境に大きく影響を受けることから、ツーリズムによって生産されるプロダクトには、サービス提供側とそれを受ける側（ツーリスト）との間に求められる「出会い」（関わり）が織り込まれるが、そこには誰が入ることによって、どのような活動が生じるかが予め予測される。それは、観光資源・対象を中心に、意図されたインタラクション（相互作用）のための空間を創出する観光（関連）産業によって、サービス提供範囲が定められるからである。そのため、観光資源・対象は、ツーリストをそれが存在する場所へ向かわせるという行為を生じさせる資源であるとともに、見知らぬ者同士の対面的接触のための物理的空間の境界を設定する。そして、その境界はサービス提供側と

消費者（ツーリスト）のインタラクション創出により、秩序を維持するための境界ともなる。

　サービス提供範囲を定めるための核となる観光資源・対象については、さまざまな分類がみられるが、ここでは、Swarbrooke（1995）による、マネジメントという点からみた類型化を取り上げたい。

　それぞれの境界は必ずしも明確ではなく重なる場合もあるとしたうえで、Swarbrooke は観光資源をつぎのように分類した。①自然環境、②観光用ではない人工的建造物や場所（現在、観光用となっているところもある）、③観光用人工的建造物や場所（テーマパークなど）、④イベント。この分類のなかには、たとえば気候など管理が不可能なものは入れられていないことから、それぞれの観光資源・対象はマネジメントが可能なものとされている。

　この類型化において、観光資源と目的地との区別は、つぎのように考えられている。一般的に、観光資源は地理的に比較的狭い範囲に限定される単位であるのに対して、目的地は個々の観光資源・対象を含む、より広範囲を指し、そこにはツーリストのためのサービスも含まれる。そのため、これら二つは大きく関連しており、観光資源・対象が海岸であれ、寺院であれ、テーマパークであれ、メインとなる観光資源・対象の存在が目的地の開発を促す。観光資源・対象をサポート・サービス、宿泊・飲食・観光関連施設、交通システムなどと明確に区別できないのは、ビジター用サポート・サービスや観光施設のなかには、世界的な規模で展開されているリゾート施設のように、それ自体が観光資源・対象になるものがあるからである。観光資源・対象のなかでも、自然や観光用としてつくられたのではない人工物は、明らかに観光資源・対象の一番古いタイプである。これらはさまざまな要因によって序々にビジターの対象になったものであるが、その要因のなかには社会の変化や技術革新などが含まれる。イベントやフェス

ティバルは、ビジターによっても受け入れられるようになった伝統的なものかどうかによって、どちらのタイプにもなる。

　マネジメントという視点から捉えられたこのような観光資源・対象の類型化においてポイントとなるのは、観光資源・対象がツーリズムのインパクトとどのような関わりをもつかである。次節では、観光資源・対象の境界が明確に定められるエンターテインメント空間におけるマネジメントについてみていきたい。

2　エンターテインメント空間のマネジメント

2-1　レジャー空間のテーマ化とインタラクション

　当初から観光用として存在していた観光資源・対象のなかでも、入場（園）者の興味・関心がシフトすることによって生じる利用者数が観光資源・対象の持続性に影響を与えるレジャー施設は、利用者の楽しいレジャー経験を演出することによって、いかに多くの人を引き付け、リピーターを増やすことができるか、そのマネジメントが重要となる。レジャー施設をレジャー空間の生産と消費という点からみた場合、多くのレジャー施設は場所というコンテクストから離れて存在し、閉じられることによって物理的・心的境界が定められる。このような空間では、消費者に対するサービスがレジャー経験の創出において重要な要素となるが、消費者側の期待通りの経験を創出するという企業の実践が成果をあげるためには、レジャー空間の楽しみ方を消費者側が知るという実践を必要とする。消費者側がレジャー空間の楽しみ方を持続させるということは、観光資源・対象の持続につながる。

　レジャー施設のなかでも、時空間的に閉ざされる状況がつくられる
テーマパークは、近代、さらには、ポストモダンにおけるレジャー経
験の創出空間として、コントロールの強さという点に関心が向けられ
てきた。なかでも、人々を誘い、定められた行動に人々を導く役割を
果たすテーマによって、利用者の楽しみや感動を計算し、予測し、コ
ントロールしやすいように効率的につくられているとされるディズ
ニーのテーマパークは、エンターテインメント空間を人々に対して社
会的な力を行使する空間、つまり社会的空間へと変化させたといわれ
る（Zukin 1993）。一連の定められたルールに従った行動を取るように
誘導される空間に対しては、マクドナルドの経営手法が、なかでもそ
の代表であるディズニーランドに典型的にみられることから、「マクド
ナルド化（McDonaldization）」という合理化現象の基本概念が観光産業
（観光産業のマクディズニゼーション McDisneyization とも呼ばれてい
る）に与えた影響の大きさが指摘されている（Ritzer and Liska 1997）。

　テーマパークというエンターテインメント空間は、消費者がサービ
スに自らアプローチするか、それともそのようなサービスを避ける
（施設を利用しない）かが明確であることから、消費者の協力（具体
的には消費者の学習）を得ることによって機能する。それは、ある特
定の空間において創出される消費者の経験が、そこで提供されるサー
ビスといかに関わりをもつかというその関係性であるとともに、テー
マ化された環境が経済的価値に結びつく経験創出のための装置であ
る。そして、ここで示されるのは、テーマ化された環境がプロダクト
となるための二つの社会的プロセスである。まず、一つは、文字通り
環境、つまり、人々が集まることによって生じるインタラクションと
いう環境の構築であり、もう一つは、シンボルとなる空間創出による
文化生産プロセスである。

　エンターテインメント空間をインタラクティブな場とするために

は、空間における秩序が保たれなければならない。その秩序を保つことに協力しているのがツーリスト（ゲスト）のパフォーマンスである。レジャーは集合的資源を使用する個人的な活動であり、レジャー活動はオーディエンスがポピュラー文化に向かうことであると捉える Chaney はつぎのように考える（Chaney 1993）。ツーリストは観光産業を中心としたさまざまな主体によって用意されたステージにおけるパフォーマーである。そして、ツーリストは演じられるスペクタクルと協働し、それぞれの場所や時間において、どのように行動すれば（演じれば）よいかが決められている。そのため、ツーリズムによって生産されるプロダクトには、ツーリストによるパフォーマンスも含まれる。

　このように、消費者（ツーリスト）によって選択されるエンターテインメント空間では、レジャー経験創出に対するサービス提供者によるマネジメントがツーリズム・プロダクトの経済的価値に直接関わる。では、観光資源・対象の類型において、観光用人工的建造物や場所とは対極に位置づけられる自然に対しては、文化生産というツーリズムの特性がどのように捉えられているのであろうか。次節では、観光資源・対象としての自然の呈示についてみていきたい。

2-2　「自然」のフレイム化とマネジメント

　自然が観光資源・対象となるプロセスは、つぎのような分析にみられる。まず、Cohen は、「人工的」観光資源・対象の対極に位置する自然のなかでも、国立公園などは本来「自然的」観光資源・対象であるが、それらはシンボリックにマークされ、実際に境界が定められているうえに、園内はその生態的な統制が図られていることから、国立公園でさえも本来の自然ではないと考える（Cohen 1995）。同様に、

国立公園は無垢な自然ではないと考える MacCannell は、国立公園を境界線が引かれ、解釈され、博物館化された自然として捉え、「国立公園というのは、もし自然というものがまだ存在していたとしたらこういうものであったであろう、ということを示す残骸である」（MacCannell 1992: 115）と表現し、ツーリストに提供されるために行われる「自然の商品化」傾向を「原生的自然の都市化（アーバナイゼーション）」と呼ぶ。文化生産の対象として自然を捉えるこのような分析に共通してみられるのは、「自然」の表象としての「フレイム化」に対する指摘である。

　観光資源・対象としての自然に対するマネジメントという点において、ここで再び注目したいのは、自然とは対極に位置づけられる人工的観光対象であるテーマパークである。近年、自然環境はますます限られたものになってきているうえ、自然は絶えず変化する。そのため、自然を観光資源・対象とするツアーにおいては、すべてのツアー参加者が自然界の生物と接することができるという保障はない。しかしながら、限られた人々しか接することができない「自然」を入園者に提供することによって、テーマパークはエンターテインメント空間としてだけではなく、「自然」の呈示に対する新たな空間となりつつある。「自然」をテーマとしたテーマパークにおいて、コンピュータ画面上のバーチャルなエコシステムとして自然が市場に出されるそのプロセスにおいて、ツーリストには「冒険家」としての体験が約束される。そして、ツーリストは、以前は長い日数をかけ、苦労してやっと目にすることができた自然を短時間で体験することができる。さらに、テーマパークは、自然保護のために制限された少数のビジターしか受け入れないエリアとは異なり、多くの人々への対応が可能となる。そのため、テーマパークに対しては、自然の表象に対する批判がある一方で、自然が失われつつある現代において、「テーマパーク

は、それがモデルとするような文化や自然が実際に存在する場所へ同
数の人々が仮に訪れたとしたら起こりうるマスツーリズムの弊害を抑
える役割を担っている」（von Droste 1992: 8）とも表現される。実際
に、シミュレーション技術を駆使することによって、入園者が動物を
必ずみることができたり、鳥の声を聞いたりすることができるように
デザインされているテーマパークでは、実際の自然環境においては不
確実性が高い経験が入園者に確実に提供される。

　さらに、テーマパークを、テーマ化された空間における企業文化の表
象と捉える視点からは、企業によるコントロールがレジャー空間に対し
て与える新たな意味づけがみられる（Davis 1997）。それは、エンター
テインメント空間であるテーマパークの自然が、偽物（simulacrum）
の自然、あるいは代替えの自然としてではなく、本物として広がるそ
のシステムへの関心であり、文化資本によって無限にマネジメント可
能であると同時に乱用や公害から守られる観光資源・対象に対する新
たな可能性の示唆である。

　このような分析によって示されるのは、ツーリストが入ることを許
されるような「自然」は原生の状態を留めていることは少ないことか
ら、すでにフレイム化された自然であること、そして、新たな「自
然」の呈示方法として登場したテーマパークの人工的「自然」という
「自然」の表象システムが、レジャー経験の創出、さらには、ツーリ
ズム空間に対して機能することにより、自然環境という観光資源・対
象に対する新たな意味づけを行っていることである。

ツーリズム・プロダクトの維持装置

1　ヘリテージという観光資源・対象への価値付与

1-1　観光資源・対象としてのヘリテージと制度

　第1章でみたように、MacCannell によって示されたマスツーリズムにおける attraction は、その構成要素である「見どころ」が、メディア（媒体）によって広められ、ツーリストによって消費されるというプロセスとして示されたが、そこに深く関わっていたのがオーセンティシティであった。オーセンティシティという点から観光資源・対象をみた場合、疑似性を代表する人工的テーマパークの対極に位置すると考えられるのがヘリテージ（遺産）であり、ヘリテージを観光資源・対象とするツーリズム形態がヘリテージ・ツーリズムである。歴史がヘリテージ（遺産）という観光資源・対象となることによって成立するヘリテージ・ツーリズムにおいて、観光資源・対象のオーセンティシティを求めるツーリストを魅了するためには、ヘリテージの価値を示すとともに、そこがユニークな場所であることをアピールす

る必要がある。

> 「ヘリテージという観光資源・対象の特徴は、そのユニークな点にある。そのため、ユニーク性と経験をベースとするプロダクトに対しては、標準的なマネジメント方法のモデルを適応することができないが、その理由は、サービスの生産と消費が同時である場合が多いからである」（Leaske & Yeoman 1996: ix）。

　ヘリテージは、各々の社会においてその重要性が認識され、意義を与えられ、保護され、象徴として再生産されることによって観光資源・対象となるが、そのプロセスにおける調査および評価が国際機関によって行われる場合、グローバルなプロダクトとなる。そして、国際機関や国などの公的機関によってマークされるヘリテージに対するツーリズムの関与が顕著にみられるのが、ヘリテージを巡るツアーである。以前には関連性が無かった個々の要素が取捨選択され、市場に出されるヘリテージのパッケージ化には、断片化されたものをつなぎ合わせることによって行われる「ヘリテージのテーマ化」現象が、さらに、「ヘリテージ」・「ツーリズム」・「グローバル化」という相互関連性からは、ユニークであると同時にユニバーサルであるというパラドキシカルな関係がみられる。

　国・地域のアイデンティティを示す象徴として、意味が与えられ、ツーリストの「見るべき」対象となるヘリテージのなかでも、世界遺産に対する人々の関心の高さは、世界遺産を巡るツアーの人気によって示されるが、そこには、観光資源・対象としてのヘリテージの価値を示すオーセンティシティに対してラベル付けをする国際機関の存在が大きく関与している。

　文化遺産の公開は、1960年代の国際観光ブームにのって、国連が

1967年を国際観光年に指定し、ユネスコ（UNESCO：国際連合教育科学文化機関）が、翌年、ボロブドゥルとモヘンジョダロ修復を観光開発に結びつけたことから始まったといわれる[1]。その後、多くの文化遺産が世界遺産として登録されているが、世界中に数多く存在する文化遺産のなかでも、ユネスコという国際機関によってマークされた文化遺産は、その価値がツーリズムとの関係において顕著に示される。世界遺産の多くは、登録以前からすでに観光対象になっていたため、世界遺産登録とツーリズムとの直接的な関係について明示することは難しいが、世界遺産登録エリアが観光対象としての知名度を上げるのに関わっている媒体の多くが、国、自治体、観光推進組織・団体、観光関連産業によるものである。

　旅行案内パンフレットや雑誌記事のなかには、「世界遺産」とは何か、という説明まで記載されているものもある。たとえば、「ボロブドール遺跡の謎を探訪　ボロブドール遺跡終日観光と解説ビデオ鑑賞！　歴史浪漫に迫る！」という旅行案内パンフレットには、「世界遺産」とは解説されるべき重要な対象であるというアピールがみられる。さらに、観光資源・対象としての世界遺産の重要性は、世界遺産登録エリア周辺にまで及び、地域全体の知名度を上げている。たとえば、オーストラリアの北東に位置するケアンズという街はその一例である。この街自体は世界遺産登録エリアではないが、登録エリア「クインズランドの湿潤熱帯地域」への拠点となっていることから（ケアンズから車で北へ1時間）[2]、観光パンフレットの「ケアンズ」という地名のうえには「世界遺産」という文字が入れられている。このような傾向は、鹿児島県の屋久島（1993年世界自然遺産リストに登録）にもみられる。屋久島の世界遺産登録エリアは島全体の約2割にすぎない。しかし、観光パンフレットには、「豊富な自然に恵まれる世界遺産の島」、「太古の息吹を感じる世界自然遺産の島」、「世界遺産のも

りへ　屋久島で悠久の自然に触れる感動の旅　手つかずの自然が息づく屋久島へ」などのコピーが並び、世界的に価値ある観光対象としてアピールされている。このように、世界遺産登録エリアとしてその境界が定められている世界遺産は、その周辺エリアを含めた地域までも価値ある観光資源・対象とするような「ブランド力」を有する。

　では、世界遺産に登録されるためには、どのような基準が定められているのであろうか。「世界遺産条約（世界の文化遺産及び自然遺産の保護に関する条約）」は、1972年に開かれた第17回ユネスコ総会において採択された国際条約であり、世界中の自然遺産・文化遺産のうち、人類共通の財産であり後世に伝えるべき価値があると認められるものを世界遺産リストに登録し、加盟国にその保護を義務づけるとともに、世界遺産委員会・世界遺産基金を通じた国際協力を進めるものである。そして、世界遺産リストへ登録された遺産には、世界遺産紋章のマークがつけられ、「顕著な普遍的価値」を有するものとして示される。

（2012年8月撮影）　　　　　　　　　　　　　（2013年8月撮影）

写真1・2　「白糸ノ滝」（静岡県富士宮市）周辺でみられた変化（1年後）の様子[3)]
写真1・2の説明は注3）を参照。

　ユネスコは、世界遺産リストへの登録基準として、「完全性」とともに「オーセンティシティ」の条件を満たすこととしている。そのため、オーセンティシティは世界遺産として認められた文化遺産の価値を問うための基準である。しかしながら、ヘリテージのオーセンティシティに対する捉え方は一様ではない。そのため、オーセンティシティはユネスコにおいても議論の対象となり、「静的なものではない、動的なオーセンティシティの概念」として、「価値観の変化」に対する言及がみられる[4]。

　さらに、ヘリテージに対する意味づけとオーセンティシティの構築に対しては、対象の価値評価をめぐる相克もみられる。たとえば、タイの文化遺産に対する研究では、国際機関、国、異議を唱える考古学者、さらにはツーリストなどが複雑に絡み合う構図において、その分析対象となっているのはヘリテージの真正性（オーセンティシティ）それ自体ではなく、誰が真正性を与え、その場所についていかに語るのか、というプロセスである（Peleggi 1996）。また、国内においても、世界遺産登録をめぐる相克に関するつぎのような研究報告がみられる。「地域おこしにおける二つの正義　熊野古道、世界遺産登録反対運動の現場から―」（大野 2008）では、2004年に「紀伊山地霊場と参詣道」として登録された熊野古道について、観光資源として再発見されていくプロセスにおいて「熊野古道」という名称が生まれ定着していったことが示されている。そのなかで紹介されている住民の話として、古道は巡礼道などではなく、単なる生活道にすぎない（世界遺産の話がもち上がる以前は、そもそも古道には特別な名前などは付いていなかった）という記述からは、世界遺産の価値が観光対象としての価値と重なることがわかる。

　このように、ヘリテージそのものの真正性ではなく、ヘリテージの価値付与プロセスにおけるオーセンティシティをめぐる社会関係に対

する研究が示すのは、文化変容という視点から語られることが多い
オーセンティシティが、観光資源・対象としてのヘリテージの価値に
関与する制度（たとえば、世界遺産）について語るうえで重要な概念
となっていることである。

1-2　地域ヘリテージの価値呈示

　「人類共通の財産であり後世に伝えるべき価値があると認められる」
遺産（ヘリテージ）を、国際機関が遺産リストに登録するという世界
遺産制度は、観光資源・対象に対する価値付与装置としての役割を果
たしているが、国際機関や国などの公的機関が価値決定プロセスに関
わっていないような遺産（ヘリテージ）には、どのような価値呈示の
装置があるのであろうか。それを考えるさい重要となるのがヘリテー
ジ・マネジメントと表現される実践であり、それに対する地域住民の
関わりである。

　地域社会と共生関係を築く可能性をもつツーリズム形態としてヘリ
テージ・ツーリズムを捉える動きがみられるなか、ツーリズムによる
地域経済活性化を目指す地域では、ヘリテージ・マネジメントに対す
る地域住民の参画がツーリズムによる地域社会のエンパワーメントと
して注目されてきた。地域住民によるヘリテージ・マネジメントへの
関わりは、大きく変化するグローバルな規模における観光産業の市場
競争において、経済活性化に対するモデルとなるものであるともいわ
れる（Oakes 1993）。

　地域住民による主体的な活動として、ここでは、フランスではじまっ
たエコミュージアムについてみてみたい。過去の遺産を単に保存する
のではなく、未来に活かすこと（新たな文化の創造と地域の振興）に
力点があるというエコミュージアムの活動は、一定範域（テリト

リー）内で地域の記憶の井戸を掘り、掘り出された記憶（遺産）を地域全体の中で保存・展示・活用していく博物館づくりであることから、地域遺産に対する「遺産相続の仕掛けづくり」であるという[5]。このような活動の対象となる遺産（ヘリテージ）は、世界遺産のように国際機関によってマークされ、保護されることによって外部の人々に注目される対象とは異なり、地域の人々が掘り起こす記憶がヘリテージとして外部の人々に呈示されるというプロセスを取る。そのため、「テリトリー」という言葉によってその活動領域が定められるエコミュージアムは、その領域内における地域ヘリテージの維持・管理、つまり、ヘリテージ・マネジメントと表現される活動として、地域ヘリテージに対する価値呈示装置となる。

　遺産（ヘリテージ）の公開と保護活動は、その価値を保ちながら、それに接する見学者の経験を保証するという点において相反するものである。しかしながら、近年においては、遺産（ヘリテージ）を呈示する側だけでなく、見学する側も遺産（ヘリテージ）に対して影響を与えるという考え方からは、人と資源の相互的な関わりが遺産保護という面においても重視される傾向がみられる。遺産（ヘリテージ）を見る側の経験が、ヘリテージに対して影響を与えるという考え方は、見る側の経験がヘリテージの価値評価に関わるということを意味する。

　　　「ヘリテージが必要としているのは、保存以上に見学者に伝わるべきその意義である」（Nuryanti 1996: 252）。

　ヘリテージや自然環境を観光資源・対象とするツーリズム形態においては、観光資源・対象となるヘリテージや自然環境の意義をツーリストに伝える実践が必要となることから、それが存在する場所（サイ

ト）における（オン・サイト）コミュニケーション媒体の役割が重要
となる。次節では、（オン・サイト）コミュニケーション媒体として
のガイドとインタープリテーションという仲介の役割を、観光資源・
対象の価値評価に関わる装置としてみていきたい。

2　観光資源・対象とツーリストのコミュニケーション媒体

2-1　ガイドによる心理的空間の生産

　ツアーという環境におけるサービス提供が観光資源・対象の価値評
価に関わるのが、ツアー参加者に対して行われる（オン・サイト）コ
ミュニケーションとしてのガイド活動である。ツアー参加者を導く
（ガイドする）という面だけに留まらず、適切な訪問場所を適切な時
間に訪れるようにするツアー・マネジメントに対するツアーガイドの
役割については、ツアーという機能とツーリズムにおけるシステムの
維持という両面から、つぎのように説明される。

　まず、ガイドの役割を機能という面から捉える Schmidt は、つぎ
のように考える（Schmidt 1979）。ガイド付ツアーが必要とされる場
所は、観光資源・対象によって異なるが、ガイド付ツアーが機能する
のは構造的に高度に分化され、ツーリズム以外の活動も行われている
ような状況である。高度に構造化された場所におけるガイド付ツアー
がツーリストにとって機能的となる理由は、ツーリズム以外の活動が
行われていないような場所（たとえば海辺など）では、ガイドがいな
くてもツーリストは楽しめるが、都市はツーリストにとって複雑であ
るためガイドが必要となるからである。

　また、観光資源・対象のオーセンティシティの構築との関わりから

ガイドの機能を分析した Cohen はつぎのように説明する（Cohen 1985）。まず、ガイドは、「オリジナル・ガイド（original guide）」と「プロフェッショナル・ガイド（professional guide）」という二種類に大きく分類できる。オリジナル・ガイドは、ツーリズムというシステムの周辺において活動するため、その広がりを支える役割によって観光対象の創出に貢献する。一方、プロフェッショナル・ガイドは、すでに存在しているシステムの維持に貢献する。ツアー参加者がプロフェッショナル・ガイドによって導かれるのは、アクセスが容易であり、すでに認知されている観光資源・対象であるため、多くの人が訪れている。そのため、ガイドは新たな観光対象をつくる必要がなく、その役割はすでに存在している観光対象の魅力を維持し強化することであるため、ガイドのコミュニケーション能力が観光対象の再構築に重要となる。そして、このコミュニケーション活動は、つぎの四つの要素から成る。①選択（ガイドがツアー参加者に見てほしくないものの操作）、②情報（デスティネーションに対する観光イメージを保つためガイドが提供する情報）、③インタープリテーション（解説。単なる情報の伝達ではなく、コミュニケーションに関わる要素）、④舞台化。このなかで、四番目の「舞台化」について、Cohen はつぎのように考える。観光対象が「オーセンティック」であり、容易に認知できるような場合、ガイドはツアー参加者が観光対象に対してもっている期待やイメージと実際の場所とを関連させるという特別なスキルは必要ないにもかかわらず、観光対象が「舞台化」される傾向が顕著にみられる。

　このように、「オリジナル・ガイド」を、ツーリズムというシステムの周辺部における観光資源・対象の生産、そして、「プロフェッショナル・ガイド」を、システムの中央部における観光資源・対象の再生産として捉える Cohen は、つぎのように考える。一般的に、観

光地と呼ばれるような、よく整備された地域とその周辺地域をツーリズムにおける中央と周辺とに分類した場合、前者は「ツーリスト用空間」として、そこでは MacCannell が示した attraction（観光資源・対象）の「聖化」がみられ、オーセンティシティが演出される。そして、その演出性の程度は対象によって異なるが、たとえば、有名な自然環境やヘリテージなどは演出を必要としないため、中心としての特性を与えられる。他方、後者の、周辺として分類されるマイナー的存在の観光資源・対象に対しては、それがどれだけ価値があるかを強調するためにツアーガイドのパフォーマンスを必要とする。そのため、ガイドはコミュニケーション能力を駆使して観光資源・対象の信憑性を高めることとなる。

　さらに、Cohen は、ガイドと観光対象のオーセンティシティの関係性についても言及し、ガイドの役割にみられるつぎのような変化について説明している。観光対象が有名になると、管理者はアクセスを制限することによって、対象を見るための場所を特別につくる。そのため、MacCannell によって示された「秘蔵」というプロセスは、プロフェッショナル・ガイドの仕事に対して両価的なインパクトを与える。それは、ガイドにとって演出性が必要とされるパフォーマンスのための環境が与えられる一方で、ツアー参加者に対して観光対象のオーセンティシティを説得するのが難しくなるからである。このような環境において、ガイドは、もはや単なる見どころや情報を選択する役割から、「解説」という、さらに高度な役割を期待されるが、演出された観光対象の増加により、そこには創作的な要素が含まれる場合も生じる。

　以上の二人による分析から、ガイドの役割をツーリストの体験に与える影響という点から整理すると、つぎのような特徴が挙げられる。①事前に旅程が決められているツアーは、ツアー参加者の移動手段や

宿泊などを含む利用サービスとの関係において、人の流れを調整するという特性をもつ、②ツーリストはガイド付ツアーに参加することによって、他の形態であれば得られたであろう自由と引き換えに、ツアー中は馴染みが無い環境において生じる問題をガイドが解決してくれる状況を手に入れる。そのため、ガイドは文字通り、ツーリストを導き、ツーリストと見知らぬ環境の間の仲介役となる、③ガイドの知識と技量は、ツアー参加者のツアー経験に影響を与えるが、なかでも観光資源・対象のオーセンティシティが重要な要素となるツアーにおいて、その影響が大きい、④ガイドがツアー参加者に対して行う解説がツアー参加者の体験に与える影響については、ガイドに対する信頼性が観光資源・対象のオーセンティシティに関わる。次節では、このなかの ④ で挙げられている観光資源・対象のオーセンティシティをめぐるガイドの実践を、対象が存在する場所（オン・サイト）におけるコミュニケーションという仲介と観光資源・対象の価値との関わりからみていきたい。

2-2　解釈装置としてのインタープリテーション

　ガイドが必要とされるのは、高度に構造化された空間においてばかりではない。たとえば、海辺のような空間であっても、そこを「どこにでもあるような海辺」から「価値ある海辺」としてツーリストに呈示しようとした場合、特別な装置が必要となる。その装置の一つがインタープリテーション（interpretation）と呼ばれる実践である。アメリカの国立公園においてはじまったといわれるインタープリテーション（解説）は、1957年、Tilden, F. によって著された *Interpreting Our Heritage* の出版によって、その概念が広く知られるようになった。この著書には、ビジターの好奇心や興味を喚起するために、さまざまな

媒体を利用してヘリテージ・サイトを呈示することがインタープリテーションの目的である、と書かれている。Tilden は、インタープリテーションを「情報を伝えるだけに留まらず、ビジターの直接体験やさまざまな媒体によって、対象がもつ意味やその背景を示すことを目的とした教育活動である」（Tilden, 1977: 8）と定義している。

　では、インタープリテーションは、ガイド（活動）とどのように異なるのであろうか。インタープリテーションを提供するインタープリターとガイド（する人）の違いについて、Pond はつぎのように説明する。ツアー参加者とともに、比較的長い距離の移動を行うガイドに対し、国立公園などの限られた場所において活動するインタープリターは、ガイドより活動範囲が限定されることが多い。ガイドすることとインタープリテーションを行うことは、実際には同じことであるにもかかわらず、二つの「陣営」の間には最近まで互いのコミュニケーションがなかった理由の一つとして、官・民各セクターのオペレーションが異なるかたちで進められてきたことが挙げられる（Pond 1993）。

　インタープリテーションは、専門的知識がビジターという一般の人々に伝わるプロセスであり、このプロセスにおいては、ビジターが対象に対して関心をもたない限り、歴史的事実や考古学的な情報は役に立たない。そのため、ビジターが体験を通して対象に対する学びを促進する手法が求められるインタープリテーションは、その市場や対象となる資源を定める必要があることから、ビジターと対象との間を結ぶ「仲介者」としてのインタープリターの役割のなかには、マーケティングの要素がみられる。

　設備投資によって新たな観光対象（いわゆる「アトラクション」）を次々に作り出し、入園者にレジャー経験を提供するレジャー施設がリピーターを増やすのとは異なり、限られた資源の呈示方法を変化させ

（山梨県青木ヶ原樹海：2008年 8 月
撮影）

（北海道仁木町：2022年 9 月撮影）

写真 3・4　インタープリテーションの様子

ることによってリピーターを獲得することが求められるツーリズム形
態において、インタープリテーションは、ビジターの楽しみや満足の
創出が経済的価値に関わる。その顕著な例が、1980年代に到来したヘ
リテージ・ブームにより、インタープリテーションの変化がヘリテー
ジ産業の発展とパラレルな関係にあるといわれるイギリスである[6]。
イギリスにおけるインタープリテーションの変遷からは、行政やボラ
ンティアから民間セクターへという提供主体の移行、そして、ヘリ
テージの意味や意義を説明する当初の教育活動の目的から、場所のユ
ニーク性やその意義を広めるマーケティングのための有効な手段とし
ての新たな役割の獲得がみられるが、このような変化のプロセスにお
いて注目されるのは、戦後急速に広がったレジャー活動や競争が激し
いヘリテージ産業におけるインタープリテーションに対する期待であ
り、評価である。

41

　このような傾向は北米においてもみられ、インタープリテーション
の歴史はマーケティング、さらにはツーリズムの歴史とパラレルな関
係にあるという（Wilson 1992: 53-57）。それは、20世紀中頃、ただ自
然を体験するのでは十分ではなく、自然は人間に説明されなければな
らないとされるようになったことがその背景にあることから、意味あ
る自然体験創出のために、国立公園のパフォーマンスとしてインター
プリテーションが用いられるようになったからだといわれる[7]。

　このように、当初とは異なるかたちでインタープリテーションのエ
ンターテインメント的要素が強調されるようになった背景には、人々
のレジャー経験に対する関心の高まりが挙げられる。エンターテイン
メント的価値がますます重要性をもつことによりヘリテージや自然環
境に対するアピール手段としての役割を獲得することとなったイン
タープリテーションは、ヘリテージ・ツーリズムやエコツーリズムの
ようなツーリズム形態において生産されるプロダクトに対する価値付
与装置として捉えられる。

　インタープリテーションという装置が機能するこのようなツーリズ
ム形態では、対面的なサービス空間が必要となるが、その空間は規模
が小さいという環境において、より機能的となる。このような環境に
おいて、インタープリテーションは、「単なる情報の羅列ではなく、
システマチックに自然の情報を組み立てていく高度な情報の体系化」[8]
されたサービスとして、「普通の」資源に価値を見出し、それを呈示
するための装置として機能し、「オルタナティブ」な（もう一つの）
空間を創出する。それはマスツーリズムと共生することによって「オ
ルタナティブ」という空間を創出するための「しかけ」でもある。イ
ンタープリテーションは、インタープリター（あるいはガイド）の解
説内容や受け手（ツーリスト）の反応によってその都度変化する（せ
ざるを得ない）という特性をもつ。そのため、ツーリストが来るたび

に異なる自然に接する事ができるような「しかけ」づくりは、ツーリストに対してアピールされる「場所性」のイメージをさらに高めることにも繋がる。

　しかしながら、インタープリテーションについては、「誰のためのインタープリテーションか」（Uzzell 1988: 261）という問いかけにみられるように、ヘリテージの呈示において誤ったステレオタイプ的視点をビジターに強要する危険性が指摘されている[9]。政治的・経済的・社会的背景からインタープリテーションを捉える遺産（ヘリテージ）の管理者側、そして、市場における価値を高め、マーケティング戦略としてインタープリテーションを捉えるツーリズム・オペレーターなど、インタープリテーションという実践をめぐる異なる期待には、観光資源・対象となる遺産（ヘリテージ）に対する価値評価の相違が反映される。

─〈注〉────────────────────────

1）　河野 1995。

2）　オーストラリア政府観光局公式サイト「オーストラリアの素晴らしい世界遺産ガイド」https://www.australia.com/ja-jp/things-to-do/nature-and-national-parks/unesco-world-heritage-sites.html（2022/5/14）より。なお、「クインズランド」の表記については、公益社団法人日本ユネスコ協会連盟公式サイト「世界遺産リスト」より。

3）　写真1・2は、「白糸ノ滝」（静岡県富士宮市）が世界遺産登録（文化遺産）を目指す富士山（2013年登録の正式名称は「富士山─信仰の対象と芸術の源泉」）の構成資産に選ばれていることから、文化庁より人工構造物が存在するのはふさわしくないという指摘を受けたため、滝つぼ周辺整備を行ったことによる変化を示している。なお、この件に関しては、『静岡新聞』「滝つぼ周辺整備、7月めど着工へ　富士宮・白糸の滝」2012年、4月21日を参照した。

4）　ディヴィッド・ローエンタール（1994）「変わりゆくオーセンティティの基準」『建築史学』No.24, pp.74-82。世界文化遺産奈良コンファレ

ンス（1994年11月）における報告では、「静的なものではない、動的な
オーセンティシティの概念」として、価値観の変化に関する言及がみら
れる。そして、「オーセンティシティに関する奈良ドキュメント」にお
ける「価値とオーセンティシティ」には、「9 文化遺産をそのすべての
形態や時代区分に応じて保存することは遺産がもつ価値に根ざしてい
る。我々がこれらの価値を理解する能力は、部分的には、それらの価値
に関する情報源が、信頼できる、または真実であるとして理解できる度
合いにかかっている」とある。

5 ）　日本エコミュージアム研究会編（1997）『エコミュージアム・理念と活
動 －世界と日本の最新事例集－』牧野出版、および、吉兼秀夫（2000）
「エコミュージアムと地域社会」石原照敏他編『新しい観光と地域社会』
古今書院。

6 ）　イギリスにおけるインタープリテーションの変遷については、おもに
Prentice and Light 1994を参照した。

7 ）　たとえば、世界観光機関（WTO）は、国立公園においてインタープリ
テーション・プログラムが無いのは、「客を自宅へ招き入れながら客を置
いたまま自分は消えてしまうのと同じだ」という表現によって、インター
プリテーションの役割を示し、ビジターがその場所を訪れてよかったと思
うようにさせることがインタープリテーションの役割であると述べている
（World Tourism Organization & United Nations Environment Programme 1992
Guidelines: Development of National Parks and Protected Areas for Toursim. World
Tourism Organization & United Nations Environment Programme Joint
Publication. p.36より）。

8 ）　市川聡（1995）「屋久島におけるエコツアーの現状と課題」『国立公園』
No.530、p.24より。

9 ）　たとえば、Light 1991; Aldridge 1989。

第4章

価値主導型ツーリズム・プロダクトの生産プロセス

1　マスツーリズムに対する差異化

　これまでみてきたように、観光資源・対象の発展プロセスは、つぎのようなものが一般的であるとされてきた。それは、まず、ある空間の価値が外部の者によって見出される。すると、有名になったその場所に多くの人々が訪れることにより、ツーリストを受け入れるシステムが整うようになるが、その段階になると、その場所の価値を見出した人々は新たな場所を求めてそこを去る。このプロセスにおいて、観光資源・対象を中心とした空間の価値基準となったのがオーセンティシティであった。観光資源・対象を中心とするエリア・地域の変化は「観光（地）化」という言葉によって示されるが、これは「俗化」の同意語として使用されることが多い。そのため、このような言葉は、観光資源・対象のオーセンティシティが失われ、ツーリズム空間の価値が経済的価値によって決められることを意味した。

　人が入ることによって環境が破壊される、として批判の対象とされ

てきたツーリズムは、その社会・文化的および環境的にネガティブな面がさまざまな場面において取り上げられてきた。1990年代、リサイクルや省エネルギーなどに対する社会的関心が高まるなか、レジャーに対しても、その生産と消費のマス化に対する問い直しが行われるようになる。そして、「オルタナティブ・ツーリズム alternative tourism」、あるいは「サステイナブル・ツーリズム sustainable tourism」という新たなツーリズム形態が登場するが、文化を理解し、環境にやさしいソフトで責任ある、適切かつ新しい（オルタナティブな）形態のツーリズムが促進される傾向に対しては、「環境が社会・文化的要因の上に置かれるようになった」[1]とも表現された。新たに登場した「オルタナティブ・ツーリズム」については、80年代の後半、紀行文のライターたちによって積極的に用いられ、それがビジネス関係者によってマスツーリズムの喧噪とは全く異なる新たな経験を約束するものとして構成され、市場に出されることにより、90年代になってツーリストの観光行動に対する一つのコンセプトを示す広告用用語として頻繁に登場するようになったという（Smith V. L. 1992）。

　「マス」に対し、新たに登場した「オルタナティブ」というプロダクトは、専門分野を扱う旅行関連のスペシャリストやマス・マーケットに対するカスタマイズ化された個人マーケットの増加にみられるように、自らをこれまでとは差異化しようとする旅行会社によって、人類学、考古学、生態学、さらには科学的な特性をもつツアーとして提供されるようになった。そして、そこでアピールされるのは、いわゆる「観光地」の喧騒から離れ、地域の人々の暮らしに直接触れるなど、従来のツーリズム形態とは何か異なる社会経験の約束である。このようなツーリズム形態に関心を示すツーリストが増えるということは、オルタナティブな（「新たな」）あるいは「マスツーリズム用ではない」）観光資源・対象の増加を意味するが、そこには、ツーリスト

に新たな経験を提供することによって、絶えず新しい状況に適応していく観光関連産業の戦略がみられる。

　では、文化を理解し、環境にやさしいソフトで責任ある、適切かつ新しい（オルタナティブな）形態のツーリズムとは、具体的にどのようなツーリズムを指すのであろうか。それを示す一つのキーワードがイノベーションである。ツーリズムにおけるイノベーションについて、Hjalager はつぎのような点を挙げている（Hjalager, 1994, 1996）。①プロダクトのイノベーション（たとえばエコツアーのように、自然や景観の構築・再構築による自然資源の商品化）、②プロセスのイノベーション（省エネルギーなど）、③マネジメントのイノベーション（スタッフ、地域住民、そしてツーリストを環境問題に関わりをもたせるようにすること）。

　このような点からみえるのは、観光資源・対象の構築・再構築プロセスにおけるフレキシブルな対応という、「マス」との対比が強調された演出性の変化である。次節では、このような観光関連産業のイノベーションとして注目され、「緑化」のシンボル的存在とされるエコツーリズムについて、マスツーリズムとの対比においてみていきたい。

2　差異化としてのエコツーリズム

　自然を観光資源・対象とするツーリズム関連商品が環境に配慮したものとして期待されるようになるなかで、もとは研究者や裕福なツーリスト用の市場から一般のツーリスト用市場へと拡大していったエコツーリズムに対しては、つぎのように表現されている（Norris 1992）。エコツーリズムは、オルタナティブ・ツーリズムや適正なツーリズム

などと、その概念において共通性をもち、「小さいことは美しい」という哲学の追求を通して、とりわけ地域レベルにおいて多くの利点をもつ。観光関連産業にとって、エコツーリズムは新たな成長市場であり、地域社会の発展という視点からみれば、収入源として雇用を創出する。さらに、自然保護団体は、エコツアーを主催することによって、自然保護活動の参加者を増やし保護基金の増加が期待できる。

　では、エコツーリズムは、どのようなツーリズムを指すのであろうか。自然保護団体によれば、エコツーリズムに関わりをもつ呼称は35にも及ぶといわれているが[2)]、つぎに挙げるのはその一例である。自然観光（nature tourism）、自然との触れあいを重視したツーリズム（nature-based or nature oriented tourism）、大自然観光（wilderness tourism）、アドベンチャー・ツーリズム（adventure tourism）、グリーン・ツーリズム（green tourism）、オルタナティブ・ツーリズム（alternative tourism）、サステイナブル・ツーリズム（sustainable tourism）、適正観光（appropriate tourism）、自然と触れ合う休暇（nature vacation）、スタディ・ツーリズム（study tourism）、学術観光（scientific tourism）、文化観光（culture tourism）、ロー・インパクト・ツーリズム（low-impact tourism）、アグロ・ツーリズム（agro-tourism）、ルーラル・ツーリズム（rural tourism）、ソフト・ツーリズム（soft tourism）など。

　自然観光とエコツーリズムという呼称については、多くの機関によって互換性をもつものと捉えられているが[3)]、自然資源の保護につながらないツーリズムはエコツーリズムとは呼ばれないとする立場からは、自然保護がマスツーリズムと異なる点として強調されてきた。さらに、エコツーリズムを新たなツーリズムの登場ではない、とするつぎのような指摘もみられる[4)]。まず、エコツーリズムという呼称に対しては、ツーリズムは環境に依存する産業であることから最新の表現にすぎないこと、そして、ツーリズムと環境保護を結びつける考え

方はすでに1970年代半ばにはみられており、80年代以前から存在していた自然観光において、すでにエコツアーが行われていたことから、現在広く使用されているエコツーリズムはその用語や定義によって突然発生したわけではなく、その必要性に呼応したものであるという指摘である。また、エコツーリズムに対しては、つぎのような疑問も投げかけられている（Cater, E 1994）。「環境に対するインパクトはどのようなものなのか、もし違いがあるとしたら他のプロダクトとどのように異なるのか」、「持続性とは、どのくらい持続することなのか」、「エコツーリズムの発展は誰にとっての持続なのか」、「エコツーリズムは、プロダクトなのか、それとも理念なのか」。

　一方、エコツーリズムを広義と狭義に分類することにより、マスツーリズムの一部はサステイナブル・ツーリズムに入ると主張するWeaverはつぎのように述べる（Weaver 1999）。資源の現状維持という意味合いが強い広義のエコツーリズムは、当該地域における自然および文化的影響に対してネガティブな影響を与えないような活動を指し、滞在が短く、使用される宿泊施設も一般客用であり、エコツーリズムが全旅程の一部である場合が多い。他方、自然保護に積極的に関わることを目的とした狭義のエコツーリズムは、ツアー参加者が限られた宿泊施設を利用することによって、比較的長期にわたって自然に深く関わるツアー形態をとる。そして、エコツーリズムとマスツーリズムの関係について、Weaverは、マスツーリズムの一部にエコツーリズムが入ることによってマス・エコツーリズムが持続可能性をもつツーリズム形態として示される一方で、動植物の紹介が物珍しさを中心として行われたり、地域社会との接触の仕方が不適切であるようなエコツーリズムは持続可能性をもたないマスツーリズムに入ると主張する。このような考え方は、エコツーリズムをマスツーリズムとオルタナティブ・ツーリズムという両方のツーリズムに組み込まれる柔軟

な特性として捉えるものである。

　エコツーリズムの定義は、それを語る主体によって異なるといわれるが、環境教育的な面を強調する自然保護団体やエコツーリズムを推進する団体や機関による定義は、地域社会の持続的発展という点に重点を置いたものが多い[5]。地域振興と結びつくとされるエコツーリズムは、コントロールされたツーリズム形態として、ツーリストが訪れる地域におけるマネジメントという点から注目されてきた。たとえば、エコツーリズムを観光現象としてではなく、持続可能な地域創造の構造変化として評価し、環境保全や地域振興が実現していく契機をつくり出すという考え方は[6]、近年、頻繁に使用されている「持続可能な観光」や「デスティネーション・マネジメント」（訪問先となる地域におけるマネジメント：次章を参照）という表現とも重なる。

3　倫理的ビジネス実践とコード

　レジャーを目的として自宅を離れるツーリストが、その移動先においてどのような仲介を受け、かつ対応されるのかはツーリストが選択するツーリズム形態によって異なるが、そのサービスが及ぶ範囲には秩序が関わる。集団化、俗化、組織化、個人的選択の制約を特徴とするマスツーリズムにおけるツアーを機能させるために求められたのがガイドによる秩序のコントロールであった。では、新たに登場したオルタナティブ・ツーリズムにおいては、どのような秩序が示されるのであろうか。それを示すためのキーワードとなるのが倫理コードである。「「もう一つの」あるいは「別の」ツーリズムではなく、社会関係の変換に対するラディカルな試みである」[7]といわれるオルタナティブ・ツーリズムに求められる「新たな秩序」は、ツーリズムが生態お

よび地域社会に与えるインパクトやデスティネーションに対して行われるマーケティングやツアー内容などが「正しいか・間違いか」あるいは「受け入れられるか・受け入れられないか」という基準により示される。

　環境はツーリズム・プロダクトの核として人を引き付けて魅了する観光資源・対象であることから、環境を維持することは、ツーリズムという活動を維持することでもある。そのため、環境に関わるサービスを提供する側は、その物理的な環境を維持すると同時に、レジャー経験の質を保証するという新たな問題に直面することとなるが、それは、環境に関わるサービス提供側のビジネス実践が環境的に責任ある行為として受け入れられるかどうかを問うことを意味する。それを顕著に示すのがエコツアーである。エコツアーは、社会的パフォーマンスが倫理に関わるビジネス実践として、地域文化を理解し、地域住民との接触を重視するツアーであることを示すため、自然や動物をみせるだけのツアーとの差異を明らかにしなければならない。そこで求められるのが、信頼性を高めるための倫理コードの採用である。コードは産業の方向性と気づきを示すものとして、「本当の」エコツーリズムを提供していると広く認知されることにつながる。

　このように、オルタナティブ・ツーリズムでは、「本当の」エコツアーの提供、つまりエコツアーのオーセンティシティに対する産業の姿勢が、倫理コードの採用により、デスティネーション（地域（社会））における「新たな秩序」として示される。そして、倫理に関わるコードがどのように機能しているかをみるために示されたのが、現在では広く受け入れられるようになった概念であるステイクホルダー（stakeholder）であり、個人、地域、そして組織間の関係性において社会を捉えるこの概念によって示される社会的責任である[8]。

　ヘリテージ・ツーリズムは文化を、そして、エコツーリズムは自然

をその資源・対象とするツーリズムであることから、ヘリテージや生態系（エコ）を対象とするツーリズムを成立させるための空間は、レジャー施設同様、コードによってその境界が定められる。このような境界内においては、ツーリスト側にも求められる秩序がツーリスト・コードとして示される。そして、ツーリストに対して推奨される社会・文化・環境に配慮したツアーの選択[9]は、サービス提供側の倫理的責任とともに、マスツーリズムとは異なるオルタナティブ・ツーリズムの価値を示すものとして、デスティネーションとなる地域（社会）による評価の対象となる。

　地域における観光資源・対象の発展プロセスと環境との関わりが重視され、価値主導型とされるオルタナティブ・ツーリズムの代表として提唱されてきたエコツーリズムであるが、近年、その呼称はエコツーリズムが登場した1990年代（1970年代ともいわれる）ほど関心の対象とされなくなった。それは、「エコ」という表現が一般的になったこともあるが、「エコ」よりさらにインパクトが強い「サステイナブル」が新たなムーブメントを起こしているからである。

　次章では、サステイナブル・ツーリズムをめぐる新たな動きを、ツーリズム・プロダクトの価値基準という点からみていきたい。

4　「新」サステイナブルツーリズム・プロダクトの誕生

　ツーリズム・プロダクトは、社会的なニーズに対応し、他との差異化によって、つねに新たなプロダクトとして生産されてきた。環境に対する世界的な関心の高まりを背景として、エコツーリズムというツーリズム形態が注目されるようになってからすでに20年以上経過した現在、とくに注目されているのが「持続可能な」ツーリズム（サス

テイナブルツーリズム sustainable tourism)[10]であり、その推進に向け
たさまざまな取り組みである。すでに触れたように、「サステイナブ
ル・ツーリズム」という呼称については、1990年代後半、新たなツー
リズム形態として、エコツーリズムを提唱する自然保護団体によるリ
ストに挙げられているが、近年、「サステイナブル」という言葉は、
以前にも増して頻繁に使用されるようになった。

　国連世界観光機関（UNWTO）は、2017年を「開発のための持続可
能な観光の国際年」としているが、その 2 年前の2015年、国連サミッ
トにおいて採択された「持続可能な開発目標」（SDGs：Sustainable
Development Goals）で掲げられた国際目標17のなかには、ツーリズ
ムの役割が明記されたターゲットが設定されている（国連世界観光機
関により「サステイナブルツーリズム」として示されているのは、環
境、社会文化、経済という 3 領域の適切なバランスである）。国際機
関によって示された「持続可能な開発目標」への取り組みというグ
ローバルな流れのなかで、ツーリズム分野においても「サステイナブ
ル」という表現が注目されている。では、その目標達成のためにはど
のようにすればよいのであろうか、という問いに対して示されている
のが、国際 NGO 団体である「グローバル・サステイナブルツーリズ
ム協議会」（Global Sustainable Tourism Council、以下 GSTC)[11]によっ
て制定されている国際基準である。同団体発足の背景には、第三者に
よる格付けを行う認証団体が多数誕生し、認証制度と認証機関（団
体）の乱立から生じる混乱（欧州における）があったといわれる。こ
のような背景から、UNWTO を含む複数の国際機関から構成された
同団体により制定・管理されている国際基準は、観光産業向とデス
ティネーション（観光地）向けの二つに分類され、この国際基準に準
拠していることを示すためには、その認証を受ける必要がある。
GSTC によって制定された基準に準拠している認証を行う国際認証機

関は複数存在するが、その一つが「グリーンデスティネーションズ」Green Destinations（以下、GD）であり、認証を取得するためには、GSTCから認定を受けたこのような国際的な認証機関による認証プログラムに参加することが求められる。

　GSTCによる基準は、最低順守すべき項目として示されていることから、そのカスタマイズ化のプロセスにおいて、認証制度がもつグローバルな影響力をみることができるのが、オーストラリアエコツーリズム協会のケースである。1996年から、すでにエコツーリズム認証制度として「エコ認証プログラム」[12]を運営していた同協会がGSTCの認証機関であるGDの認証プログラムの基準を取り入れる決め手となったのが、世界の300地域が参加しているというGDのグローバルなプラットフォームであるという[13]。

　これまでみてきたように、1990年代に登場した（すでに1970年代に登場しているともいわれる）エコツーリズムは、価値主導型として、マスツーリズムに対するチャレンジ性が評価された新たなツーリズム形態であり、すでに「持続可能性」を謳っていた。しかしながら、前述のオーストラリアエコツーリズム協会のケースにもみられるように、SDGsという新たなムーブメントのなかで、グローバルなプラットフォームとしての国際認証という制度は、バージョンアップされた「サステイナブルツーリズム・プロダクト」の創出装置として、その価値がグローバルな市場における評価対象とされる。

―〈注〉―

1）　Munt 1994。
2）　Ceballos-Lascurain 1996。
3）　エコツーリズムに関しては、つぎの資料を参照している。World Tourism Organization & United Nations Environment Programme（1992：前章注7

　を参照）、財団法人日本自然保護協会（1994）『NACS-J エコツーリズ
　ム・ガイドライン』（財）日本自然保護協会資料集　第35号：（1996）「第 2
　回 PRO NATURA エコ・ツアー　スリランカ自然保護研修報告」（NACS-J
　資料集第38号、社団法人日本旅行業協会（1998）『エコツーリズムハンド
　ブック　エコツーリズム実践のためのガイド』。

4 ）　Fennell 1998; Orams 1995; Hall, C. M. 1994。

5 ）　Campbell 1999より。また、エコツーリズムの定義は、大きく分ける
　と、自然を強調した定義とツーリズムを強調した定義に分類することが
　できるという（菊地直樹（2000）「エコツーリズムと地域社会 ―地域へ
　の再評価の装置としての可能性―」石原照敏他編『新しい観光と地域社
　会』古今書院より）。

6 ）　敷田麻実・森重昌之（2001）「エコツーリズムによる地域の持続的発
　展の可能性：石川県白山麓のケーススタディから見た「環境に優しい観
　光」の未来」『環境経済・政策学会年報』第 6 号，pp.200-215。

7 ）　Lanfant and Graburn 1992。

8 ）　Carroll によれば、社会的責任はつぎの 4 つに分類される（Carroll
　1989: 30）。①経済的責任（社会が求める品物やサービスの創出および販
　売とその適正価格の提供と利益の獲得）、②法的責任（当該地域におけ
　る法の遵守）、③倫理的責任（法によって明確には定められていない領
　域への関わり）、④任意的責任（社会的活動に対する任意的な関わり）。

9 ）　1990年代に出版されたツーリズムのテキストには、ツーリストがコード
　を熟知し、責任ある旅行者になるような教育が必要であることが書かれて
　いる（McIntosh, R.W., Goeldner, C.R. and J. R. B. Ritchie（1995）*Tourism:
　Principles, Practices, Philosophies*. New York: John Wiley & Sons, Inc.）。また、
　エコツアーのガイドブックには、「エキサイティングなサファリだが（略）
　こんなツアーはエコツアーじゃない！」という見出しとともに、「自然を
　うたった宣伝文句や写真に惑わされず、エコツーリズムの原則を忘れずに
　ツアーを選ぶことが大切」などの表現がみられる（『エコツアー・完全ガ
　イド』（地球の歩き方　旅マニュアル264）1998年、ダイヤモンド・ビッグ
　社）p.152より）。

10）　本書では、SDGs が示された以前のサステイナブル・ツーリズムを、
　近年における新たなムーブメントとしてのサステイナブルツーリズムと
　区別するため、前者については「サステイナブル」と「ツーリズム」を
　2 語として表記している。

11）　世界各国において、地域、企業、団体、個人のメンバーをもつという同団
　体は、サステイナブルツーリズムのための国際基準を制定・管理する国際非

営利団体である。同団体による二つの指標はつぎの通りである。観光産業向けの指標（GSTC-I: Global Sustainable Tourism Criteria for Industry）、観光地向けの指標（GSTC-D: Global Sustainable Tourism Criteria for Destinations、2019年12月に改訂が行われ、現在は GSTC Destination Criteria）。

12）　日本エコツーリズム協会『季刊 ECO ツーリズム』Vol.14, No.1（Summer 2011）より。

13）日本エコツーリズム協会『季刊 ECO ツーリズム』Vol.23, No.2（Winter 2022）より。

第2部

国内にみる地域ツーリズム・プロダクトの生産

第5章

地域主導型ツーリズム・プロダクトの生産プロセス

1　デスティネーションとしての「地域」

　環境に対する関心の高まりを背景として登場したツーリズム形態において、配慮されるべき重要な観光対象である「地域」自らが主体的に関わっていくその実践が、近年、国内の各地でみられる「観光による地域活性化」である。「多様性」や「多義性」という特性をもち、「物理的・社会的な空間のまとまりを示す言葉」[1]と表現される「地域」は、そこで実践されるツーリズムという活動の範囲を示す単位となるが、そのひとつが自治体による地域観光関連計画である。そして、このなかで謳われる観光振興のためのさまざまな施策は、地域資源の観光活用に向けた取り組みのための地理的境界を定める。

　「地域の資源を活かしきれていない」という表現によって提唱・促進される地域資源の観光活用は、多くの場合、地域外の人々による利用を目指したものである。「独自の価値を有するもの」であることから「活用されるべきもの」とされる地域資源の活用は、観光振興を推

進する自治体における「観光による地域活性化」のための不可欠なプロセスとされるが、そのプロセスは、自治体の観光関連計画において盛んに使われ出したといわれる「観光まちづくり」あるいは「観光地域づくり」として示される。国内において、「まちづくり型観光」という表現が登場したのは1980年であるという[2]。そして、観光振興と地域振興の結びつきが両方にとって同時に効果的であるとされる「観光まちづくり」[3]という用語は、内発的な側面の強い「まちづくり」と外部資源（ヒト・モノ・カネ）を取り入れる「観光」とが近接した動きとして[4]、「まちづくり」と「観光振興」の強い結びつきを示している。

「観光まちづくり」に関わる住民による来訪者への対応において、その実践範囲を顕著に示す活動の一つが観光ボランティアガイド団体によるガイド活動である。観光ボランティアガイドは、所属する団体によってその案内範囲が限定されることが多いため、その活動は、案内対象となる資源の観光活用範囲を行政区域として示す実践でもある。それがツアー参加者にもよくわかるのが、市町村合併による案内範囲の広がりに伴う案内対象の増加である。しかしながら、ガイド活動を行う団体の構成メンバーが行政区域内に居住する、つまり、地域コミュニティのメンバーであるとは限らない。なかには、自身が生まれ育っていない、あるいは居住していない「地域」において活動を行うガイドもいる。そのため、ガイド活動は、「郷土愛」や「帰属意識」という言葉だけでは捉えられないものの、多くの場合、その活動のなかで、研修（座学を含む）やワークショップを通じて地域資源に対する認識が共有されることにより、地域資源を特定する役割を担う[5]。なかには、ガイド自体を「人的資源」としてアピールする地域もみられるなど[6]、ガイド活動は、資源に対する観光活用を顕著に示す装置である。

　観光ボランティアガイドの活動は、地域外に対する地域資源の呈示という点において地域イメージの形成にも関わることから、多くの自治体では、観光ボランティアガイド活動を観光振興の一環として位置づけている。一方、観光ガイド活動はあくまでも「まちづくり」のための活動の一環（ガイドは全体の活動のなかの一部）であるとして、ガイド活動を「まちづくり」という活動のなかの一部として捉えている団体もある[7]。多くの自治体において、住民による「おもてなし」を代表し、「観光まちづくり」の一翼を担う活動として位置づけられる観光ボランティアガイドの活動が、「まちづくり」と観光案内のどちらに重きが置かれているかは、団体によってその捉え方が異なる。そのため、その捉え方の相違は、地域ツーリズムに対する捉え方の相違として、団体と行政との関係性をも示す。

　観光資源の多くは自治体内だけでなく、広く行政区分を越えて存在する。そのため、いわゆる「観光地」と呼ばれる場所に位置する観光資源に対しては、行政区分を越えた取り組みがこれまでもみられたものの、近年、活発化している「広域連携」の動きは、「地域」を単位とした「まちづくり」として示される地域ツーリズムの展開を大きく変化させている。

　既存の行政区域から「広域連携」へという流れのなかで、観光庁が設立された同じ年（2008年）に「観光圏」という制度が登場する。全国各地において展開されている広域観光推進の動きのなかで登場した「観光圏整備法」（2008年：観光圏の整備による観光旅客の来訪及び滞在の促進に関する法律）[8]は、広域的に連携した「観光圏」の整備を行うものであるが、そこで謳われているのは国際競争力、地域の幅広い産業の活性化や交流人口の拡大である。そして、「観光圏」のような広域観光の取り組みにおいて重要であるとされているのが地域ブランドの構築である。新たな地域ブランドの構築を意図して進められて

いる「観光圏」については、2泊3日での行動範囲を念頭に、旅行者に対して新たな体験価値の提案ができるかどうかが戦略的ゾーニングとしての評価の分かれ目とされるため、「連携型ゾーニング」がポイントとなっている。しかしながら、その地域でしか体験できない価値に基づいた個性（すなわちユニークさ）を出すことを目指す「連携型ゾーニング」に対しては、地域間連携の重要な担い手の一つである自治体によるゾーニングに対する期待（「観光の活性化」および「地域間の交流人口の拡大」）は高いものの、多くの観光圏ではどこも似たようなアピールで終わっていることから、連携の意味や圏域のとり方、さらに、自治体の財源不足や圏域内の自治体格差などに加え、事業実施主体の事業継続性などに対する指摘がみられる[9]。

　地域が自主的に設定するものとされる広域連携としての「観光圏」という制度に対しては、「まとまり」とされる地域・自治体それぞれがツーリズムをどのように位置づけているのかにより、その捉え方が異なることがこのような指摘からわかる。そして、既存の行政区域を越えて地域が自主的にその範囲を設定するという、このような新たな制度を地域ツーリズムの展開からみると、その背景には、国外からの誘客を目指し、国際競争力が強調される「観光地域づくり」の推奨がある。それは、行政区域を越えて、国や都市、地域全体を指すとされる「デスティネーション」（旅行目的地、旅行先）が、「デスティネーション・マーケティング」[10]という表現とともに、頻繁に使用されていることにもみられるように、「地域」や「地域資源」に対するマネジメントとマーケティング両面からのアプローチである。

2　推奨される地域主導型ツーリズムとマネジメント

　「地域」や「地域社会」とツーリズムとの関わりについて、国内では、「観光立国推進基本法」（2007年より施行）前文に、つぎのような表現がみられる。

> 「（略）観光は、地域経済の活性化、雇用の機会の増大等国民経済のあらゆる領域にわたりその発展に寄与するとともに、（略）このような使命を有する観光が、今後、我が国において世界に例を見ない水準の少子高齢社会の到来と本格的な国際交流の進展が見込まれる中で、地域における創意工夫を生かした主体的な取り組みを尊重しつつ、地域の住民が誇りと愛着を持つことのできる活力に満ちた地域社会の実現を促進し、我が国固有の文化、歴史等に関する理解を深めるものとしてその意義を一層高めるとともに（略）」

　国内では、これまで地域に関わるさまざまなツーリズムの呼称が提唱されてきた。以下は、観光庁HP上の「観光地域づくり」の項目内におけるおもな呼称である。まず、挙げられるのは「ニューツーリズム」（2010年頃）であり、このなかには「地域資源を活用した新たな形態の旅行商品」として長期滞在型観光、エコツーリズム、ヘルスツーリズム、産業観光などが入る[11]。そして、その後すぐに登場したのが「着地型観光」である。地域資源を活用した「体験型」や「交流型」旅行商品の創出がアピールされる「着地型観光」については、つぎのような説明がみられる。「旅行者を受け入れる側の地域（着地）側が、その地域でおすすめの観光資源を基にした旅行商品や体験プログラムを企画・運営する形態を「着地型観光」と言います。独自性が

高く、ニューツーリズムを始めとして、その地域ならではのさまざまな体験ができることから、各地域の魅力を味わう上でおススメです」。

　このように、地域ツーリズムの展開において、「地域」が主体的に観光振興を行なっていく観光のあり方として示されていたのが「着地型観光」であるが、この用語を比較的早く使い始めたのは地方自治体であるといわれる（2003〜2004年頃）[12]。「地域が主役のツーリズム」と表現される「着地型観光」は、まさに地域が主体となって進める観光として、観光需要の拡大（新たな旅行需要の創出やこれによる地域活性化）を図る方策の一つとして位置づけられてきたが、その背景には、旅行業法の改正（2007年）によって「着地型観光」組織の開業が拡大したことに加え、インターネットの普及による「着地型」旅行商品市場の拡大がある。このような流れのなかで、さまざまな地域では、地域資源（自然、文化、農林水産物など）の堀りおこし、さらに、地域資源を活用した「体験型」や「交流型」旅行商品の開発が行われるようになったが、その成功事例とされている多くは、行政・観光推進機関・団体や関連事業者による戦略的な取り組みである。そのため、「コミュニティ・ベースド・ツーリズム」（Community Based Tourism）とも呼ばれる「着地型観光」については、地域住民やコミュニティの関わりがみえにくい傾向がみられた。

　そして、2010年代後半、地域が主体となって進める地域ツーリズムの担い手として新しく登場するのが「日本版DMO」（2015年に「観光地域づくり法人（DMO）」へ名称変更）である。海外発の概念であり、日本では、地方創生や成長戦略の観点から2010年代に観光政策上の用語となったといわれるDMO（Destination Management/Marketing Organization）は[13]、従来の観光協会に代わる、あるいは観光協会を含む従来の観光推進機関を発展させることによって、地域に応じた観

光施策の企画と実践を主体的に担っていくための機関として制度化されるようになったという[14]。しかし、「舵取り役」として「地域の稼ぐ力を引き出す」ことを求められる DMO への補助金などの公的資金に対しては、自治体の財政状況や方針に左右されるという不安定な財源という課題もあるという[15]。

　地域主導型ツーリズムの担い手として提唱されている DMO について、ここで注目したいのは、DMO の頭文字 M によって示されるマネジメント（management）とマーケティング（marketing）の関係である。DMO は、観光地域づくりにおけるマネジメントとマーケティングを主導的に行う機関と位置づけられている。しかしながら、自治体と観光振興組織の間には立場や業務の違いから、認識されている課題に対する順位に違いがあるという指摘、さらにはマネジメントとマーケティングの比重についての議論もみられる[16]。そのため、DMO の頭文字 D であるデスティネーションとなる地域・地域社会（コミュニティ）に対するマネジメントが、課題解決の役割が期待されるという DMO によってどのように実践されるのかが問われるが、マネジメントとマーケティングに対する比重の置き方は、地域ツーリズムによって生産されるプロダクトにも影響を与える。

　近年、関心を集めている方法論、さらには概念とされる「デスティネーション・マネジメント」[17]において、その担い手として期待される DMO については、大都市と呼ばれる「地域」における登録は僅かである。地域によって異なるツーリズムの特性、さらには、前述のような DMO に対する指摘からは、人口が多い地域において展開される地域ツーリズムのマネジメントに対しては、さまざまな課題があることが推測される（都市における地域ツーリズムの課題については、本書第 6 章で触れたい）。次節では、「地域」を単位とした地域ツーリズムのなかでも、DMO によるマネジメントが期待されている

「持続可能な観光」に対する地域のアプローチについてみてみたい。

3　創られる「持続可能な観光」

　2015年、「持続可能な開発目標」（SDGs）が国連で採択され、「持続可能性」に対する関心が高まるなか、国連世界観光機関（UNWTO）により2017年が「開発のための持続可能な観光の国際年」とされるなど、ツーリズムに関わる「持続可能性」に対する世界的な動きは、国内におけるツーリズムに対しても変化を促している。

　国は、「地域観光づくり」を実現するために、「観光客と地域住民双方に配慮し、多面的かつ客観的なデータ計測と中長期的な計画に基づく総合的な観光地マネジメントを行うことが重要」として、2020年、自治体や観光地域づくり法人（DMO）が持続可能な観光地マネジメントを行うことができるように、国際基準に準拠した「日本版持続可能な観光ガイドライン」（JSTS-D）[18]を開発した。同ガイドラインは、「グローバル・サステイナブルツーリズム協議会」（GSTC）による認証制度を取り入れたものであり（4章4節を参照）、同協議会のメンバーでもある観光庁によれば、SDGs に取り組みたいが何をすれば良いのかわからない地域に対して、「日本版持続可能な観光ガイドライン」の各項目では、SDGs の17の目標のどれに結びついているのかを明示しているうえ、日本版指標だけが提供する「取組支援ツール」が充実しているという。そして、地域が同ガイドラインに取り組むことのメリットとして挙げられているのが、サステイナブルツーリズムに関心が高い海外からの観光客による旅行先としての選択可能性が高まること、また、SDGs の流れに対応した「世界標準に即した持続可能な観光地」として認識されるようになるという二点である。さらに、「対外的なア

ピールに活用でき、地域のブランディング力や国際競争力の向上が期待され」るとして、ガイドラインに取り組んでいることを明示するロゴマーク（申請・承認が必要）の活用に対する呼びかけからは、地域がいかに観光によってSDGsに資することができるかが説明されている。

　このように、国外からの誘客を視野に入れた地域ツーリズムのマーケティングとしての役割がみられるガイドラインの作成やモデル事業の実施により「持続可能な観光」を提唱し、地域の取り組みを支援している観光庁は、モデル事業の成果として「世界の持続可能な観光地100選（Green Destinations TOP 100）」に全モデル地域が選出されたとしている。この賞は、日本版ガイドラインが準拠しているGSTCによる国際基準の認証機関のひとつである「グリーンデスティネーションズ」（GD）によるものであることから（4章4節を参照）、事業の成果は国際機関による選出というグローバルな評価を受けたことになる。

　国内において、「持続可能な観光」に連携で取り組んでいるのが、2021年設立された「日本「持続可能な観光」地域協議会」（2023年3月時点において八つの自治体がメンバー）である。「持続可能な観光の国際基準への先駆的なコミットメントを実施する自治体のアライアンス組織」[19]であり、地方創生推進交付金を利用して立ち上げられたという同会が目指しているのは「持続可能な観光」の国際基準に取り組む地域のプラットフォームであるという。

　持続可能な（サステイナブル）ツーリズム形態としてのエコツーリズムがマスツーリズムとの対比において世界的に注目されたなかで、国内においては、エコツーリズムを通じた資源環境の保全、地域振興、観光振興（他に環境教育）の推進を図るものとして、エコツーリズム推進法（2008年）が施行されている。同推進法が施行された頃

に、観光や地域活性化に関わる施策としてエコツーリズムの推進を謳っていた自治体のなかには、「エコツーリズム」に代わり、「SDGs未来都市」や「持続可能な観光」をアピールするなどの変化もみられる[20]。このような動きのなかで、SDGsや「持続可能な観光」に対して熱心に取り組む地域・自治体というイメージ形成を促進しているのが、観光庁による「持続可能な観光の実現に向けた先進事例集」である。たとえば、2019年度版「持続可能な観光の実現に向けた先進事例集」では、「資源の見せ方」（＃27）の項目の「ありふれた地方の「素」を観光資源に」のなかに、「ありふれた地方の「素」を見せることで観光資源に変え観光客誘致へとつなげている事例」として住民による「ひなまつり」の取り組みが紹介されている。住民による同様の取り組みはすでに他地域でみられるものであるが[21]、先進事例集に入れられることにより、このような実践は、これから「持続可能な観光」の取り組みを始めようとする地域・自治体に対するモデルとしての役割を果たすこととなる。

　そして、国外からの誘客を目指す自治体にみられる、職員のDMOへの出向やサステイナブル・コーディネーターと呼ばれる人材の採用などからは、時間も費用も必要とされ、取得のハードルが高いといわれる認証制度のなかで、アワード受賞（「世界の持続可能な観光地TOP100選」）というグローバルな評価が地域アピールとなっていることがわかる。また、受賞歴がある自治体のHP上にみられる、受賞の意義に対する説明や外部サイトへのリンク（関係機関のHP）は[22]、受賞が地域アピールとしてだけでなく、国内では使用されることがあまりなかったとされる「格付け」[23]という制度を広めるメディア（媒体）の役割を果たしている。

　さらに、国や自治体、観光推進機関等による「持続可能な観光」推進の動きと併せて注目されるのは、「持続可能な観光」に取り組む地

域のバリューアップに関わる観光関連事業体の関与である。WEB サイト上には、情報サービス事業、観光情報サイト事業、コンサルティング事業、地域創生に関わる事業、インバウンド事業等のプロデュースを手掛けるさまざまな事業者による SDGs や「持続可能な観光」に関する情報発信がみられる。そのなかには、自社の WEB サイト上から GD による「100選」のアワード受賞地域のサイトへリンクさせているものもあることから、受賞地域が「持続可能な観光地域」であることをさらに広める役割を果たしている。このような観光関連事業者によって発信される認証に関する情報のなかで強調されている点が二つある。まず、一つ目は、SDGs や持続可能性に関心がある消費者は（とくに海外の人が関心が高いとして）、サステイナブルツーリズムに取り組む地域をデスティネーションとして選ぶ傾向があること、そして二つ目が、サステイナブルツーリズムに求められているのは、地域経済・環境・社会文化への良い影響であることから、地域や住民に対するメリットも考慮されていることである。

　アワード受賞による国際的な認知度向上が誘客に繋がる可能性や、「持続可能な観光」に取り組む地域に対するメリットをアピールするこのような WEB サイトは、「観光地のブランド力」向上を目指す地域や、観光関連計画に「持続可能な観光」（という表現）を入れたいと考える自治体に対するインセンティブにもなる。しかしながら、サステイナブルツーリズムに関する日本語の情報が限られているなか、WEB サイト上にみられるこのような情報が地域ツーリズムの「本当」の「持続可能性」を示すシステムとして機能するかどうかは、デスティネーションとなる地域において、ツーリズムに関わる異なる主体が「持続可能な観光」という理念をどのように捉えるのかに依る。

　「持続可能な観光」の基準とされる GSTC による認証制度を実践という面においてみた場合、つぎのような疑問点をここで挙げておきた

い。それは、その基準が産業用だけでなく、地域用にも制定されていることであり、ビジネスに関わるサービス提供側に向けた産業用というわかりやすい基準と比較した場合、住民のツーリズムに対する関わり方（ビジネスとしての関わり方だけではなく）や考え方も多様な「地域」が、デスティネーションとして持続可能性に対する「格付け」の対象となっていることである。この点に関しては、次章および最終章にて、地域ツーリズムにおける社会関係のなかでみていきたい。

━〈注〉━

1） 藤井正（2008）『地域政策入門』（藤井正他編著）ミネルヴァ書房、p.11。なお、「地域」はつぎのようにも表現される。「「地域」という言葉が内包する意味内容も、空間範囲も、人によって、文脈によって、じつにさまざまである」（森岡清志編著『地域の社会学』有斐閣、p.i）。

2） 猪爪範子（1980）「地域と観光 ―トータル・システムとしてのあり方を問う」『月刊観光』「観光開発の新方向」1980年1月号、pp.17-18より。このなかで、猪爪は、「観光というものは、人里離れた特異な大自然を除いて、多かれ少なかれ「まちづくり型観光」でなければならないことになる」と述べる。

3） 「観光まちづくり」については、安村克己（2006）『観光まちづくりの力学 ―観光と地域の社会学的研究』学文社を一部参照した。

4） 岡村祐・野原卓・西村幸夫（2009）「我が国における「観光まちづくり」の歴史的展開－1960年代以降の「まちづくり」が「観光」へ近接する側面に着目して－」『観光科学研究』第2号、p.22より。

5） 観光ボランティア団体と行政が地域資源の呈示に密接に関わる事例として、ガイドが説明しやすいように、現在は何も残っていないような史跡に行政が看板を設置する取り組みが挙げられる（安福 2014）。

6） たとえば、「観光ボランティア立ち上がる ボランティアガイドは観光資源のひとつ」というコピーにみられる（足助町観光協会（2005）「足助町観光協会創立50周年記念誌 地域文化創造の50年」p.44より）。

7） 安福 2014。

8） この法律では、「観光地が連携した「観光圏」の形成を目指し、自治体が作成する「観光圏整備計画」に沿って、民間など複数の事業主体が

共同で、宿泊サービスの向上や観光資源を活用したサービスの開発などといった観光圏整備事業を行う場合、観光圏整備事業費補助金や旅行業法の特例、農山漁村活性化プロジェクト交付金などの制度で地域の取り組みを支援」（観光庁 HP より）するという。

9 ）　徳山美津恵・長尾雅信（2013）「地域ブランド構築に向けた地域間連携の可能性と課題 −観光圏の検討を通して—」『商学論究』（和田充夫博士記念号）60巻 4 号、pp.261-282、および、野田満他（2019）「観光圏整備事業の運用における今日的課題に関する基礎的研究」『2018年度日本建築学会関東支部研究報告集Ⅱ』pp.319-322より。

10）　「旅行目的地を商品として捉え、最大の経済効果を上げるために消費者のニーズを満たそうとする誘客活動」（JTB 総合研究所 https://www.tourism.jp/tourism-database/glossary/destination/2020/4/8）。

11）　観光庁 HP については、つぎの HP を参照した。「ニューツーリズム創出・流通促進事業」「ニューツーリズムの概念」（https://www.mlit.go.jp/kankocho/shisaku/sangyou/new_tourism.html、「ニューツーリズムの振興」https://www.mlit.go.jp/kankocho/page05_000044.html）。なお、「ニューツーリズムの振興」に代わり、現在（2018年更新の HP）は「テーマ別観光による地方誘客事業」に取り組んでいるとの記載がある。また、「着地型観光」についての引用箇所は、観光庁 HP「「着地型観光」とは」（2015年 1 月31日閲覧）より。

12）　尾家建生・金井萬造編著（2008）『これでわかる！ 着地型観光 地域が主役のツーリズム』学芸出版社、p.3より。

13）　申請区分には、「広域連携 DMO」、「地域連携 DMO」、「地域 DMO」がある。

14）　真子和也（2022）「観光地域づくり（DMO）：これまでの政策動向と論点」『調査と情報』第1194号、pp.1-14。

15）　天野景太（2020）「観光振興と DMO」安福恵美子・天野景太『都市・地域観光の新たな展開』古今書院、pp.11。

16）　前者については、高橋一夫（2017）『DMO 観光地経営のイノベーション』学芸出版社、そして、後者については、真子（2022）より。

17）「従来、来訪者（観光客）と事業者の関係を主体に構成されていた観光が、観光需要の変化によって、地域（コミュニティ）や環境文化にまで及ぶようになり、包括的な対応をしていく必要性」に対する方法論として、整理体系化されてきた概念であり、多様な手法の集合であるという（山田雄一（2017）「デスティネーション・マネジメントの理念と実践での現実」『観光文化』234号, pp.38-42.）。

18)　Japan Sustainable Tourism for Standard for Destinations の略。このガイドラインについては、日本政府観光局も同様に、地域の課題対応が可能になるとして、DMO をデスティネーション・マネジメントの担い手として提唱している。なお、本書では、観光庁によるガイドラインのタイトルで使用されている「持続可能な観光」とい表記を、4 章で取り上げた「サステイナブル・ツーリズム」と区別して使用しているが、その理由としては、観光庁によれば、日本版として示されているガイドラインは、国際認証機関に準拠して「開発」されているとしているからである。

19)　「日本「持続可能な観光」地域協議会」HP より。https://sustainable-destinations.jp/about（2022/6/19）

20)　観光庁による「持続可能な観光」モデル事業対象地域のなかには、内閣府による「地方創生 SDGs・「環境未来都市」構想・広域連携 SDGs モデル事業」も併せて展開している自治体もある。同事業については、つぎのように説明されている。「地方創生 SDGs の達成に向け、優れた SDGs の取組を提案する地方自治体を「SDGs 未来都市」として選定し、その中で特に優れた先導的な取組を「自治体 SDGs モデル事業」として選定して支援」（https://www.chisou.go.jp/tiiki/kankyo/index.html（2022/6/11））。

21)　愛知県豊田市足助地区の古い町並みでは、民家や商家に古くから伝わる「おひなさん」や土人形を玄関先や店内に飾る「中馬のおひなさん」が住民主導型イベントとして開催されており、2023年で25回目を迎える。

22)　茨城県那須塩原市産業観光部商工観光課（観光係）による WEB サイトでは、「「世界の持続可能な観光地 TOP100選」への選出について」として、認証制度に関わる国際 NGO 団体や国際認証団体についての説明がある。https://www.city.nasushiobara.lg.jp/soshikikarasagasu/shokokankoka/shinoseisakutokeikaku/2/12044.html（2022/7/25）

23)　「格付け」という表現については、日本エコツーリズム協会『季刊 ECO ツーリズム』Vol.23, No.2（Winter 2021）より。

第6章

地域ツーリズムにおける社会関係・リスク

1　ツーリズムと地域（コミュニティ）・住民

1-1　「観光地」とされる地域

　国内の多くの地域で進められている「観光まちづくり」の諸相にみられるように、地域ツーリズムの展開プロセスは多様である。広辞苑によれば、「観光地」とは、「名勝や史跡、温泉などに恵まれ、多くの観光客が集まる土地」[1]とあることから、いわゆる「観光地」と呼ばれるのは、一般的に地域資源の観光活用が盛んな地域として、住民の多くが観光関連の仕事に携わっている地域である。そして、そのような地域では、来訪者側と住民双方によって、そこが「観光地」であるという認識が共有されている場合が多い。一方、地域外の人々にデスティネーションとして注目されていても、住民自身は、「観光地」と認識していない地域もある。

　後者の事例として、ここで取り上げたいのは、「観光まちづくりのもたらす地域葛藤 ―「観光地ではない」と主張する滋賀県高島市針江

集落の実践から―」（野田 2013）という論文の研究対象地となった地域である。「観光まちづくりの本質は、「内発性」と「持続可能性」の二点に整理できる」として地域資源の観光活用に対する住民の判断基準に言及している同研究内容を顕著に示しているのが、「「観光地ではない」と主張する住民」という表現である。「ここは観光地ではありません」という看板が集落内に掲げられていたことが記されている同論文には、いわば台所として住民が利用してきた「カバタ」という湧水施設がメディアを通して広められ、人々の注目を集めるようになった集落を訪れる来訪者への対応における住民の葛藤が示されている。行政の施策でもなく、地域活性化を目的としたわけでもない集落が突然「観光地」とされ、来訪者に対応せざるを得なくなった状況に対して、集落の人々の生活を守るために住民が取った策は、委員会設置による「カタバ」の見学ツアーの実施であったという。同論文において、このツアーは、見学者を集約するための「空間と時間が管理された見学ツアー」と表現されている。

　「地域ツーリズム」[2]の展開プロセスとして、この事例で注目したいのは、つぎの二点である。まず、「（略）生水の郷はゲストである外部の見学者のほうを向いて観光をしているのではなく、ホストである地域社会内の異なる意見を持つ人びとのほうを向いて観光を行なってきたのである。言い換えれば、集落の「内」を向いて観光してきたのである。このことが、結果として、針江集落が観光地の画一化に陥ることを防いでいたのである。」（p.21）という表現からは、住民が主体である「地域ツーリズム」における地域資源の「みせかた」を、そして、「人びとの生活実感からはずれない」という表現からは、地域内の葛藤に対処するために集落の人々が示した観光対象のオーセンティシティに対する判断基準をみることができる。

　「地域資源の観光活用による地域活性化」という表現がすべての地

域において有効であるかのように語られることが多いなかで、意図せずして来訪者・観光客に対応せざるを得ない状況において、住民により実践されている針江集落の「地域ツーリズム」は、地域外の人々からの地域資源に対するアクセスへの対応という点において、地域の自律性を示す事例である。もちろん、地域の規模や特性により、地域ツーリズムの展開は異なるが、針江集落の「地域ツーリズム」にみられる最大の特徴は、その目線がコミュニティに向けられることにより、外部（来訪者）の望むようなイメージ通りに展開されていない点にある。

　われわれの周りには「観光地」という言葉が溢れ、「地域」が「観光地」と同意語のように使用されることが多い[3]。では、観光による「稼ぐ力」が提唱され、デスティネーションとして、観光関連産業からマーケティングの対象とされる地域は「観光地」なのであろうか。地域のテーマ化が進められ、「観光スポット」がある地域全体が観光空間として、来訪者・観光客のために存在するようなイメージが創られる傾向がみられるなか、本節で取り上げた、「観光地ではない」と主張する住民による空間と時間がコントロールされたツアーが実践される地域ツーリズムは、まさに「住民目線」による地域資源の活用といえよう。

1-2　住民意識からみる地域ツーリズムの展開

　地域ツーリズムに対しては、地域内において利益を得る者とそうでない者という区分、そして、その前者の多くが観光関連業者、後者が地域住民という構図のなかで語られることが多いが、地域における住民の観光活動との関わりは多様である。「多様性」や「多義性」という特性をもつとされる「地域」と観光開発との関係については、「外

発的」と「内発的」という二つの異なる関わり方が示されてきた。まず、外発的観光開発とは、観光開発の対象となる地域外の企業が主体となる開発形態であり、地域社会に配慮することなく地域資源の商品化を進める開発が進められた結果、地域の貴重な資源が破壊されるなど、観光の負のインパクトを生じさせるというものである。これに対し、内発的観光開発とは、地域社会の人々や集団が固有の自然環境や文化遺産を持続的に活用することによって、地域社会の自律的意思に基づいて地域の資源の活用を図るものである。そして、このような説明とともに強調されてきたのは、マスツーリズムによる負の影響を生じさせないような内発的観光開発の必要性であった。

　しかし、地域住民のツーリズムに対する関わり方や捉え方は多様である。ツーリズムと何らかの関わりをもつ住民側については、観光推進機関・団体、あるいは個人から発信される情報により、その活動の多くが紹介・アピールされているのに対し、ツーリズムと関わりをもたない住民の声を知る機会は限られている。そこで、公開されている観光（開発・振興・客）に対する住民意識調査のなかから、観光活動が盛んである北海道と沖縄県（5自治体）の住民を対象とした調査結果を取り上げることにより、おもにツーリズムと関わりをもたない住民の意識に注目してみたい。

　つぎに取り上げる住民を対象とした意識調査は、調査概要がすべて異なるが、そのなかから観光開発と観光振興に関する調査結果について、特徴的な点や記述回答を中心にみていく。

＜北海道「ニセコ観光圏」：蘭越町、ニセコ町、倶知安町＞

　近年、国内において、観光開発が進む地域として注目されている北海道ニセコエリアは、三つの町（蘭越町、ニセコ町、倶知安町）を区域とする「ニセコ観光圏」として、観光活動が活発化しているが、そ

図1　ニセコ観光圏

の背景には、インバウンド市場の拡大がある。

　まず、ニセコエリアにおける住民を対象とした意識調査「ニセコ観光圏住民観光意識アンケート調査報告書」⁴⁾からは、つぎのような点が特徴として挙げられる。

・［観光客の増加、観光地化による生活環境の変化について］

　プラスの影響として、各町とも、インフラ、地域のにぎわい、移住者の増加など、観光化による経済波及効果を挙げる回答が多い一方、マイナスの影響としては、自然環境や生活環境（物価の上昇、治安の悪化など）が挙げられている。

・［観光分野の道外・海外資本の参入について］

　一定の条件（立地、施設規模、地域参入など）のもとで推進すべき（地域の活性化になる）が全体では約7割であるが、町により差がみられる（倶知安町においては、どちらかといえば推進しないほうがよ

い、との回答が他町に比べ多い）。

・［観光振興の位置づけに対して］

　「重要」と「どちらかと言えば重要」という回答が9割近くあり、雇用の増加や産業の活性化などの経済波及効果が期待されているが、観光振興への自身の関わりについては、希望するという回答は4割である。

・［必要な観光施策について］

　自然環境・景観の保全、インフラ整備、地域内交通の充実、利便性の向上、の順となっている。

　この結果からは、観光開発・振興に対しては、経済的効果を期待する住民が多い一方、自然環境・景観の保全を重要と考える住民もいることがわかる。同調査では、観光客の増加や観光地化による生活環境の変化については、プラスとマイナスの影響に分類された選択肢がすでに示されている。そこで、選択肢による回答からだけではわからない、観光振興に対するもう少し具体的な考えを知るため、つぎに、記述回答が公開されているニセコ町と倶知安町により実施されたアンケート調査結果をみていく。なお、この二つのアンケート調査は、観光に対する住民の意識調査を目的としたものではなく（2調査とも実施時期・調査方法が異なる）、それぞれの町が町民を対象として実施した「まちづくり」についてのアンケートである[5]。

　まず、二つの自治体によるアンケート回答に共通している点は、国際観光都市・リゾート地としての発展や町のにぎわい（活性化）に対する期待であり、海外資本の参入に対する危惧や生活環境に対する不安である[6]。回答の表現は多少異なるものの、観光振興賛成派であろうと推測される回答に共通して挙げられているのが、観光による地域活性化のさらなる推進であるのに対し、反対派については、その内容が具体的に表現されている。たとえば、倶知安町については、未来の

写真 5・6　ニセコエリアで進む観光開発の様子（右の写真：左側の建物は
　　　　　建設中の宿泊施設、北海道倶知安町）

（2022年 9 月撮影）

町に対する考えとして、観光資源への依存に対する懸念が[7]、また、
ニセコ町については、「ニセコらしい風景や住みやすさが失われてい
く」ことに対する不安が「ニセコ町らしさ」という表現によって示さ
れている他、観光客による「マナー違反」に対する指摘や、行政の関
心が観光客に向けられていることに対する不満もみられた[8]。

　このような結果には、観光開発・振興に対する賛否やプラス・マイ
ナスの影響という区分に分類できないような多様な回答がみられる
が、ニセコ町については、アンケート回答に対して、町側から「対応
検討の視点（事務局または担当者）」が併せて公開されている。その
なかで、観光開発が住宅地近くまで進み、「ニセコ町らしさ」（自然・
農村景観）が失われていくという懸念に対する行政の視点として示さ

れているのが、現行法令（都市計画法や景観条例）を準拠している開発を規制することはできない、であった。

＜沖縄県＞

観光庁による「持続可能な観光の実現に向けた先進事例集」に、事例として示されている沖縄県民を対象としたアンケート結果報告には、つぎのような結果がまとめられている（かぎかっこ内は引用）[9]。

・「観光客の来訪に対する考え」に対しては、「沖縄県としては増えてほしいが、居住する地域には今のままでよい、といったギャップがみられる」。

・「沖縄の発展における観光の重要性と生活の豊かさとのつながり」に対しては、「（略）86.4％の人が観光の重要性を評価して」いる一方、観光が発展すると自分の生活も豊かになると思う回答者は29.1％に留まっていることから、「観光の果たす役割が多くの人に理解されている反面、生活の豊かさにはつながっていないと考える人が多い」。

・「観光客に関して困っていること」に対しては、「マナー違反（48.3％）」、「レンタカーによる事故」（39.4％）、「ポイ捨てゴミの増加」（32.6％）の順となっている。

なお、この調査とは別に実施された沖縄県金城市による「観光客の実態と市民意識に関する調査」には、観光への期待は高い反面、その経済効果を実感している市民は少ないことが記されている。

国土交通政策研究所（2019）[10]によれば、国内における持続可能な観光に関する課題に向けた認識状況および施策の実施状況について、46市区町村から回答を得たアンケート結果では、「観光に関する課題の把握方法」として、「観光関連事業者・団体からの指摘」のつぎに多いのが「住民からの指摘」であるという。そのため、来訪者の満足

度に関する調査結果（とくに消費動向に関する）が自治体の観光関連計画策定に活かされることはあっても、観光が地域社会・住民に与える影響に関する調査の実施は極めて少ないなかで[11]、前述の沖縄県による住民を対象とした調査の実施は、地域における「持続可能な観光」の実践に向けたプロセスとして、重要な取り組みといえる。

　本節で取り上げたアンケート調査対象地は、いわゆる「観光地」としての知名度が高い地域であることから、「観光による地域活性化」が経済的効果を指していることは推測できる。しかし、なかには社会的効果を指している人もいるかと思われるが、多くの回答にみられた「地域活性化」という言葉が経済的あるいは社会的のどちらを指すのか、あるいは両方なのかを明確に把握することは難しい。

　近年、デスティネーションとしてのこのような地域の知名度が国外にまで広く及ぶことによって、地域ツーリズムの展開に変化を与える要因となっているのがインバウンドである。次節からは、本節で紹介したアンケート回答（おもに記述）にもみられた国外からの観光客も含めて、観光が地域に与える社会的影響、さらに、地域ツーリズムに対するリスク要因についてみていきたい。

2　地域ツーリズムとリスク

2-1　感染症からみる「オーバーツーリズム」というリスク

　さまざまな媒体により、「地域の人が気づかない○○の魅力」として発信される情報は、住民が「観光地」であると認識していないような地域をデスティネーションへと変化させているが、「日本人が気づかない○○の魅力」として発信されている地域も近年増加している。

このような動きを加速させているのがインバウンドである。訪日外国人旅行者数3,000万人を突破し（2018年12月）、「観光立国」、さらには「観光先進国」を目指す国の動きのなかで、多くの地域においてインバウンド需要が高まってきた一方、一部の地域では、過度な観光客の集中によって地域に与える負の影響が問題視されるようになってきた。このような現象を示す言葉として登場した「オーバーツーリズム」について、「平成30年度版　観光白書」（観光庁 2018）では、つぎのように説明している。「特定の観光地において、訪問客の著しい増加等が、市民生活や自然環境、景観等に対する負の影響を受忍できない程度にもたらしたり、旅行者にとっても満足度を大幅に低下させたりするような観光の状況は、最近では「オーバーツーリズム」（overtourism）と呼ばれるようになっている。」（p.111）

　同白書と同じ年に国土交通省より出された報告書では[12]、「受け入れ側地域社会の満足度」という文言とともに、経済、地域社会および環境といった総合的な視点で取り組んでいくことの必要性について触れられている。そして、翌年出された「持続可能な観光先進国に向けて」（持続可能な観光推進本部 2019）では、「（略）今後も世界全体において海外旅行者の増加が予想され、世界的に見ても観光が社会経済の発展を牽引する重要な役割を果たしていくことは明らかである」として、国外にみられる「オーバーツーリズム」の事例を挙げ、「旅行者が地域住民にとって過剰に感じられるほど増加すると、単に観光政策への支持が得られないだけでなく、旅行者に対する敵視や観光政策への抗議活動などにエスカレートする可能性がある」ことに触れている。また、国内の状況については「全国的な傾向として、現時点では、他の主要観光国と比較してもオーバーツーリズムが広く発生するに至っているとは言えないものの、主要観光地を抱える多くの地方自治体において、混雑やマナー違反をはじめ、訪問する旅行者の増

加に関連する個別課題の発生を認識していることが明らかになった」（p.32）とし、今後の取り組みの方向性として、地方自治体や観光地域づくり法人（DMO）を「観光地マネジメントの実施主体」に挙げている。

　「観光産業」は「集客産業」とも呼ばれているように、人を集めることによってビジネスを成立させていることから、人の集中は、インバウンドが推進される前からも生じていた現象ではある。そのため、ここで注目したいのは、「オーバーツーリズム」に関するさまざまな記述や、観光客（とくに外国人）で溢れる観光拠点エリアの混雑状況を伝えるメディア映像からは、「オーバーツーリズム」がインバウンドによって（のみ）発生した事象であるかのごとく伝えられる一方で、「魅力の掘り起こし」を誘客（とくにインバウンド）に繋げる取り組みが成功事例として紹介されるという二面性である。そして、このような現象からみえるのは、メディアが注目する地域におけるツーリズムの急速な展開である。

　このようななかで、国内外からの観光客数の増加を目指してきた多くの自治体（地域）による観光推進の取り組みに対して大きな影響を与えたのが、新型コロナウイルス感染拡大（以下、「コロナ」と略す）である。感染を恐れ、密を避けてレジャーを楽しもうとする人々の関心が整備された観光スポットとしては紹介されていないようなエリアへ向けられることにより、いわゆる「観光地」ではない地域・エリアにおける住民の生活に影響を及ぼす状況もみられた[13]。

　全国的な新規感染者数の増加に従い、2020年の大型連休あたりには、連日、メディアでは「地域に来ないで欲しい」という首長の訴えや、コロナ前まで観光振興を推進してきた地方自治体の観光担当部署の職員が、観光スポットに集まる地域外からの人々に対して来訪自粛を促すなどの姿が取り上げられ、観光が地域振興のために大きく期待

（2022年8月撮影）

写真7　「長篠堰堤」の様子

（愛知県新城市：とくにコロナ禍において、密を避けようとする人々のデスティネーションとなった。地域に対する影響については、注13を参照。

されてきた時とは全く異なる事態が起こった。移動が制限されることにより、観光関連事業者の事業継続が危ぶまれる状況のなか登場した「マイクロツーリズム」の提唱からは、それまで地域外の人々へ向けて行われていた観光プロモーションを地域内の人々へシフトさせる動きにおいて、地域内の人々を観光客として捉えるという新たな視点がみられた。

　さらに、このような状況下において、コロナ前にはみられなかった動きの一つとして挙げられるのが、地域観光推進機関による住民を対象としたアンケート調査の実施である。前項で触れたように、地域内で展開されているツーリズムに対しては、観光プロモーションやマーケティングの視点から、来訪者の満足度に関する調査（とくに消費動向に関する）は実施されても、住民を対象とした調査を実施している地域は数少ない。そのため、感染拡大が続いている状況下でみられた、観光推進機関による住民を対象とした観光客の受け入れに対する意識調査の実施事例からは[14]、コロナ禍における地域ツーリズム推進の取り組みを進めるうえで、感染拡大の懸念を抱く住民感情に対する配慮への認識が、観光を推進する機関・団体においても高まったことがわかる。

　世界中で人々の移動に大きな影響を与えているコロナは、地域ツーリズムの動きを停滞させる一方で、国内外におけるサステイナブル

ツーリズム推進に対する人々の関心を高めるという現象も生じさせた。コロナ禍である2020年、認証制度に関わるGSTCには、世界各国の観光局、自治体、観光業界（中小企業からは、2019年の倍）からの入会が増加したという[15]。国内においては、コロナ前まで強化していたインバウンド推進の施策を国内や地域内へ向けた取り組みへとシフトする自治体、さらには、2020年以降、新たな観光関連計画の策定時期を迎えた自治体では、改訂版において地域ツーリズムの「ありかた」に言及する動きもみられた[16]。

　では、コロナという感染症は、いわゆる「観光地」と呼ばれ、観光客がいる状況が日常的であった地域における住民の観光（客）に対する意識にどのような影響を与えたのであろうか。コロナ前、「オーバーツーリズム」の影響がみられた四つの地域（京都市、鎌倉市、川越市、金沢市）の観光振興（観光客の受け入れ）に対する住民の意識調査（インターネットアンケート調査）報告には、つぎの点が全体的な傾向として挙げられている（西川 2021）。①オーバーツーリズム期における観光振興に対する住民の意識とコロナ収束後の観光振興への意識は比例関係にある、②観光振興の内容については多様性がみられ、コロナ収束後における観光振興に肯定的な住民が求めるのは観光客数の拡大や消費拡大ではなく、地域の魅力を探求できる観光客である、③コロナ前、オーバーツーリズムにより生活環境に対する悪影響を受けてきた住民は、生活環境の改善を認識し、コロナ収束後の観光振興には否定的である。この報告からは、住民の観光振興に対する意識は多様であるとともに、コロナ前のオーバーツーリズムの状況が自身の生活環境に与えた負の影響を認識していた住民は、コロナ禍の状況を生活環境の改善として認識していることがわかる。この点については、筆者が北海道札幌市民を対象として実施したアンケート・インタビュー調査にも共通する（本章第3節）。

2-2　災害というリスク

　コロナのように、世界的な規模ではないものの、地域ツーリズムの展開に対するリスクとなるのが災害である。東日本大震災以降、地域防災計画を見直した地方自治体数の増加からは、防災・減災対策に対する行政の意識の高まりがみられるが、自治体の防災対策（コミュニティ防災も含む）の多くが地域住民を対象としたものである。そのため、災害発生時、住民をそのおもな対象とした地域防災計画では来訪者・観光客の安全確保（災害発生直後の避難誘導も含む）に十分対応できないうえ、たとえ地域防災計画において来訪者・観光客の避難に関する対策が謳われていても、その実行計画が策定されていない自治体もある。さらに、異なる部署間（防災担当部署や観光担当部署など）における連携や、災害後、おもに観光客を地域へ呼び戻すための施策（風評被害対策など）に関心が向けられることにより、災害発生時における来訪者・観光客への対応という点において課題もみられる。そして、災害発生時における観光客への直接的な対応が委ねられてきた民間部門（旅行社や宿泊施設などの観光関連事業者）についてみると、その多くは、自社の客以外に対しては直接的な対応が難しい場合もあるうえ、全国に数多くある観光拠点エリアのなかには、地域の観光防災対策に積極的に取り組むことは、地域の観光イメージに対して悪影響（観光客が危ない所であるという意識をもつことへの危惧）を及ぼすと考える人々もみられる。

　地域の状況がよくわからないような来訪者・観光客に対して、「自助」や「共助」を求めるのは難しい。災害時、来訪者・観光客は帰宅困難者となる状況が発生するが、観光客は他の帰宅困難者（来訪者）とつぎのような点において異なる。通勤・通学、あるいは買い物などの用事（ある程度の期間において繰り返しが多い場合）を目的とした

人々は来訪地域のことをある程度知っているが、観光客（とくに地域をはじめて来訪する場合）は、土地勘がなく、地域のことをよく知らないことが多い（仮にリピーターの観光客であったとしても、用事などのため頻繁に訪れる人と比較すると、その来訪頻度は下がる）。

　災害発生時、来訪者・観光客が観光関連事業者による対応を受けることができる範囲は限定的である。そのため、災害発生にともなう来訪者・観光客への対応は、災害が地域の観光活動に与える影響の大きさが地域全体でどのように共有されているかを示す。災害発生時、来訪者・観光客に対する支援を行う主体としては、大きく分類した場合、①自治体、②観光関連事業体（事業者）、③地域住民、という三つのセクターが挙げられるが、観光拠点エリアを有する地域においては、民間（観光関連事業者）と地域住民に重なりがみられる場合が多いことから、なかには、災害発生時における観光客支援をエリア全体で行うところもある[17]。このような地域で実践される「コミュニティ防災」は、災害発生時、エリア内の居住者や観光従事者と同じ安全確保という環境を観光客にも提供する、という考えに基づく「ソフトパワー」の呈示である。

　一口に災害といっても、その種類・程度、さらに、地域ツーリズムが展開されている地域の特性などによってその影響は異なるうえ、災害が発生しない限りその実践はない。そのため、地域ツーリズムに対する災害の影響をできる限り少なくする取り組みは、たとえば、観光客数の増加というようなわかりやすい結果と比較した場合、評価されにくい。しかしながら、自身の居住地域だけでなく、旅行予定先（エリア・地域）の防災対策に関心をもつ人も増加している。たとえば、東日本大震災後、三重県伊勢市観光協会へは、僅かではあるがハザードマップの送付を希望する来訪予定者（観光目的）があったとのことからも（情報入手環境は現在とは異なる頃である）、デスティネー

ションに対しては、観光情報だけでなくリスク情報も希望する人々の関心の高さがみられる（同協会では、観光パンフレットおよびホームページ上において「もし伊勢で地震に遭遇したら・・・」という注意喚起情報を掲載している）。このように、観光振興に力を入れる地域のなかには、とくに東日本大震災発生後、災害が地域の観光活動に与える影響の大きさに対する認識が地域全体で共有されるような動きもみられるうえ、災害が頻繁に発生する近年では、テレビやラジオのニュース・情報番組などにおいても、旅行予定先（エリア・地域）の避難場所を確認するように、という注意喚起も行われるようになった。そのため、旅行予定先（エリア・地域）の防災対策に対する人々（来訪予定者）の関心の高さは、災害発生という不確実性への備えが、地域ツーリズムの新たな評価対象とされることを示している。

　地域ツーリズムを推進する自治体・観光関連推進機関、民間事業者などによって行われる地域（観光）プロモーション／マーケティングにおいてもさまざまな主体の連携が必要とされるが、災害時における観光客支援は、平時における地域ツーリズムの構成主体間の関係性を顕著に示す局面となる。そのため、災害発生時、住民やその地域内にいる人（仕事、勉学等も含む）ばかりでなく、一時的に滞在している観光客をもその対象とする安全確保という実践は、地域ツーリズムに関わるすべての主体間（広域連携も含め）における社会関係を災害というリスクから考えるための一つの視点を示す。

　そのうえで、ツーリズムが推進されているエリア・地域の住民による災害時における観光客支援（どのような災害であるのかによって、その支援内容も異なる）について考えた場合、災害発生時、行政による支援対象である住民は、地域ツーリズムの構成メンバーであることから、同じく支援対象となる観光客（来訪者）を支援する立場となる。地域ツーリズムに対するリスクには災害ばかりでなく、前項で取り上げた

ような感染症も含まれる。そこで、次節では、地域ツーリズムにおけるリスクとしての感染症や災害を経験し、さらには、いわゆる「オーバーツーリズム」という現象もみられた北海道札幌市の事例から、観光拠点都市における地域ツーリズムの展開について、住民の視点から考えてみたい。

3　事例：災害とコロナを経験した札幌市にみる観光振興と住民意識

3-1　北海道胆振東部地震による観光客への影響と支援

　多くの人にとって、北海道は人気のデスティネーションであるが、近年、その人気の高まりは訪日外国人観光客の増加に顕著にみられる。2012年から5,000万人を超えて推移してきた観光入込客数のなかでも、訪日外国人来道者数の増加は著しく、2017年、その数は過去最高を更新したが、その理由としては、新千歳空港の発着枠の拡大（2017年）に伴う国際線の新規就航や増便、さらには、中国や韓国などアジア圏からの北海道人気などが挙げられている[18]。なかでも、北海道の観光拠点都市である札幌市は、訪日外国人来道者宿泊延べ数が道内の市町村のなかで最も多い。札幌市は、2018年、2022年度の来客数を再設定していることからもわかるように（旧目標1,500万人→1,800万人）、観光振興が推進されている[19]。それは、たとえば、「民泊」と呼ばれる宿泊施設数（2019年度）を全国的に民泊数の多い他の都市と比較した場合、宿泊施設数全体に対するその比率の圧倒的な高さにみられるなど、同市の観光振興には、国による観光推進施策（とくにインバウンド関連）に沿った動きがみられる。

　このようななか、2018年9月、胆振地方中東部を震源とし、最大震

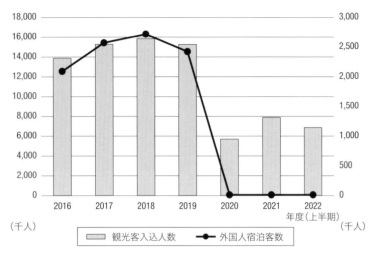

図 2　来札観光客数の推移

度 7 を記録した大規模な地震は、北海道全体に人的・物的被害を生じ
させたばかりでなく、ライフラインに大きな影響を及ぼした。地震に
より道内全域で停電が発生し（それに伴う断水が広域に発生）、交通
機関（JR、国道、道道、高速道路、空港）が利用できなくなったう
え、通信障害（固定・携帯電話等）により、住民ばかりでなく道内に
いた多くの観光客が影響を受けた[20]。地震発生当日、札幌市では、観
光客が行くことにより定員をオーバーする避難所が出てきたため、観
光客用避難所が急遽六か所（六ヶ所すべてが中央区内）開設されたこ
とからも（3 日間）、市内には多くの観光客がいたことがわかる。地
震発生から約半年後、札幌市から出された地震対応検証報告書には、
地震発生後、観光客を含む多くの来訪者が滞留したこと、旅行者を含
む帰宅困難者が避難場所や情報を求めて一部の学校に集中したことに
より、地域住民の避難に支障をきたしたこと、さらに、観光客向けの
避難所運営のために多くの職員を必要としたことが記されている[21]。

　また、民間セクターによる観光客支援については、一部の宿泊施設における対応もみられたが（なかには、宿泊客以外の来訪者・観光客ばかりでなく、住民による Wi-Fi 利用もあったという）、いわゆるブラックアウトという事態に陥ったため、観光関連施設のなかには、観光客支援を十分行うことができなかった状況が生じた。では、地震発生直後、行き場を失った多くの観光客に対して、住民はどのように対応したのであろうか。以下は、札幌市民を対象とした筆者によるインターネットアンケート調査（対象者500人、地震発生から半年後の2019年 2 月実施）結果である[22]。まず、札幌市による観光客用避難所の開設については、「必要である」という回答は全体の94.4％であることからも、大多数の市民が観光客用避難所開設の必要性を感じていることがわかるが、その理由には、札幌市が観光都市であるので当然であるという理由が一番多く、さらに、多くの回答者が「難民状態」（記述回答表現より）にあった観光客の姿をみていることがわかる。そして、アンケート回答者自身による観光客への直接的な対応については、39人が地震発生直後、観光客支援（避難場所を教えてあげる、食料・水をあげるなど）を行ったと回答している（表 1 、 2 、 3 ともに、安福 2019より転載）。

　このように、アンケート結果からは、コミュニティとしての支援は確認されなかったが、一部の住民による観光客支援がみられた。札幌市では、地震後、帰宅困難者に対する一時滞在施設の確保などの取り組みが進められている。災害発生時、日常的に多くの来訪者・観光客がいるエリアでは、行政や民間セクターだけでは対応しきれない状況において、一部の住民による観光客支援は、平時とは異なるかたちにおける住民と観光客との接点となる。

表1　観光客用避難所開設の必要性に対する理由

	理　由	人数
1	観光都市である（観光客が多い）から	76
2	地理に不安な人が多いから	42
3	交通機関・宿泊施設が利用できないから	40
4	難民状態になっている観光客をたくさん見たので（当時、多くの観光客が街中を不安げに歩いているのを見たので）	31
5-1	観光客はこれからも増加していくと考えられるので、多言語対応の避難所を開設すべき	16
5-2	自分が観光客の立場であれば必要（観光客対応として当然）	16

表2　住民による観光客対応・支援の有無

観光客対応の有無		人数（　）内は硯光関連の仕事（ボランティアを含む）従事者
何らかの観光客対応をした		39（0）
何もしていない441人	観光客に還遇していない　対応する機会がなかった	31（0）
	自分自身のことで精一杯	22（0）
	詳細なし	388（0）
無回答		20（20）

表3　住民による観光客対応・支援内容

	対応・支援内容		人数
何らかの観光客対応をした39人	道案内場所を教えた22人	避難所・飲食の配給所	10
		充電スポット	6
		営業している店舗・ホテル	4
		場所の記載なし	2
	SNSによる情報発信（炊出し情報、避難所情報、充電スポット情報など）		5
	充電器の貸出し・充電スポットの間設		4
	通訳・帰国手続きの仲介		4
	その他4人	飲食店での炊出し水道水の提供水・食料を買い与えた健康面への対応	各1人

3-2　コロナ禍における札幌市民の観光振興に対する意識

3-2-1　アンケート調査結果

　観光客の存在が観光拠点エリアがある地域全体に影響を及ぼすのは、災害という非常時ばかりではない。世界各国で新型コロナウイルス感染拡大が報告され、2020年 1 月、国内においても渡航歴がない人の感染が確認されるなか、北海道内二人目の新規感染者が確認されたのは、内外から約200万人の観光客が訪れた札幌市の「さっぽろ雪まつり」閉幕直後（2020年 2 月）であった[23]。その後、来札者数は大きく減少したが、なかでも、それまで急激な伸びを見せていた外国人宿泊者数の激減からは、コロナ前、インバウンドが札幌観光の特徴となっていたことがわかる（図 2 参照）。全国的にも都市における感染拡大の深刻な状況がみられるなか、コロナ前までインバウンドによる賑わいを示す象徴的なエリアであった北海道最大の繁華街「すすきの」（中央区）の賑わいが消えた状況を伝える情報誌の記事からは[24]、感染拡大が同エリアに与えた影響の大きさがわかる。

　では、コロナによる観光客の激減をみて、市民は札幌市における観光の状況をどのように感じているのであろうか。以下、コロナ禍である2021年（ 2 月、対象者：500人）と2022年（ 1 月、対象者：100人）、札幌市中央区民を対象として筆者が実施したインターネットアンケート調査結果から、記述回答内容を中心にみていきたい[25]。対象者を中央区民としたのは、札幌市10区のなかでも、北海道最大の繁華街「すすきの」がある中央区（人口約21万人：札幌市全体の人口比率約11.5%）は、他区に比べ、圧倒的に宿泊施設数が多いうえ、商業施設も集中しているからである。この点については、地震発生当日に開設された観光客用避難所六ヵ所すべてが中央区であったことからもわかるように、日常生活において、中央区民は他区民に比べ、観光客との接

点がより多いであろうと推測したためである。

＜2021年アンケート調査結果＞

　設問内容は，大きくつぎの二項目に分けられ、設問の選択肢に対する回答によってその理由の記述を求めた。①コロナ収束後の札幌市における観光振興についての考え（回答欄：選択肢三つおよびその理由記述）、②感染拡大前と2021年調査時（2021年2月時点）それぞれにおける観光の重要性について（回答欄：各時期について，それぞれ選択肢二つおよびその理由記述）。

・〔観光振興について〕

　コロナ前より一層、観光振興を推進すべきだと思うか、という設問に対する回答は、「一層積極的に推進すべき」（31％）、「同様でよい」（35％）、「推進すべきではない」（33％）、その他（1％）であった。この結果からは、観光振興に対しては、多少ではあるが否定が多いことがわかるが、「観光振興」の捉え方が回答者によって異なるため、数値からだけでは回答者がコロナ前の状況をどのように捉えていたかを知ることができなかった。

・〔観光の重要性について〕

　コロナ前（感染拡大前）と調査時、それぞれにおける観光の重要性に対する回答を比較すると、「重要である」90％→78％、「重要ではない」10％→22％という結果となった。この結果からは、重要であると考える回答者が多少減っていることがわかるが、この点も含めて、以下、それぞれの設問に対する記述回答理由のなかから、特徴的な点を挙げてみたい。

・観光振興に賛成する回答には、まちの賑わい（活性化）や観光都市であるという理由が多かった。しかし、おもに観光客によって賑わっている店の存続を観光によるメリットと捉えているであろ

うと思われる回答は一つあったものの、観光による自身の生活への良い影響が挙げられている回答は他にはなかった。

・観光振興に対しては、医療や感染対策などの受け入れ体制が整えば肯定するという回答が多くみられた。

・観光は重要であるという選択肢を選んだ回答者であっても、コロナ前のような状況ではない観光のあり方を望む内容があった。

・札幌市にとって観光が経済活性化のために重要である、という考えは多くの回答者によって共有されてはいるものの、なかには、観光依存に対する懸念（コロナによる札幌観光への影響が大きかったため）が記されている回答もみられた。

・観光は重要であるという認識はあるが、観光振興には否定的な回答のなかには、観光客が増加して「住みづらくなった」理由として、観光客による混雑やマナー問題が挙げられていた。

　なお、この2021年実施の調査回答者のなかには、コロナ前の2019年に筆者が実施したアンケート調査（前項を参照）対象者であった258人（500人のうち）も含まれている。2019年実施の調査では、地震発生後の観光客支援について知ることを目的としているが、観光客の受け入れ意識に対する設問を追加している[26]。2019年実施の調査で得られた258人の回答のみをここで抽出したのは、コロナ前のことを思い出して回答した他の回答者（2021年実施の調査のみの対象者）よりも、当時の認識により近いであろうと推測したためである。両年の調査における設問の表現が異なることを前提として結果をみてみると[27]、観光振興に対する意識としては、多少の変化がみられた（観光振興に対する推進が減（39％→32％）、反対が増（23％→33％）、「現状でよい」38％→35％）。

＜2022年アンケート調査結果＞（アンケート設問および回答（記述を除く）は付録 1・2）

　2022年実施の調査（設問および記述を除く回答は、付録 1・2 を参照）では、コロナ前のように観光客が戻ったとした場合の受け入れに対する回答は、「同様でよい」（40%）、「コロナ前のように多くは望まない」（33%）、「コロナ前より多くを希望」（27%）の順であったが、地域の発展のための観光客受け入れの必要性に対しては、「必要」（56％）、「必要ではない」（24%）となっている。後者の設問に対しては、「わからない」（24%）という回答が全体の四分の一近くあることから、つぎにその回答別理由をみてみたい（表 4 参照）[28]。

　地域の発展にとって観光は「必要である」という回答者（56人）のうち、44人が観光による経済効果をその理由として挙げ、その理由には「大きな産業がない」あるいは「基幹産業がない」ため観光に頼らざるを得ない、と回答している。しかしながら、このなかで、「経済が良かった」を挙げた一人の回答者は自身の生活に対する観光の影響についての設問には「わからない」と回答しており、その理由は「観光客で街が潤っていた訳ではないので」であった。自身の生活に対する観光の影響に対するこのような理由は、「わからない」と回答した他の人にもみられた（たとえば、「観光による経済効果や街の活性化は大切であるが、それだけに特化した街ではなく、総合的な部分両面に力を入れるべきだと思う」など）。観光依存に対する懸念は、「観光客に頼らない産業を見つける」必要性が回答理由として多く挙げられていた他、「観光地ではない」という表現もみられた。2022年実施の調査では、まだコロナ禍ではあるものの、2021年実施の調査時から 1 年経過し、コロナの状況および社会の受け止め方にも多少の変化がみられたことから、感染防止対策の実施が観光客受け入れの条件とした回答が多かった2021年の調査結果より多少減少している。

　以上、札幌市民（一部は中央区民）を対象とした観光振興に対するアンケート調査結果からの抜粋であるが、各回調査時の設問における表現や対象者の居住地区（2021年・2022年は中央区民に限定）および人数も異なる（2019、2021年は500人に対し、2022年は100人）。そのため、結果を比較することはできないが、観光の重要性に対しては、コロナ前より多少低下傾向が、そして、観光振興に対する肯定・否定に対しては、否定的回答が肯定を僅かながら上回っていた。このなかで特徴的であるのは、コロナ前より多くの観光客の来札を期待する回答理由としては、経済の活性化や観光都市であることの誇りとして分

表4　観光客の受け入れに対する回答（2022年調査）

回答	理由	人数
必要である（56人：56％）	経済のため（インバウンドを含む、観光産業への依存度が高い）	44
	観光地である	2
	人口減少への解決策として	2
	街の活気が戻る	1
	観光客の受け入れは当然・重要（内1名：多すぎるのは困る）	2
	魅力に関わる点（他地域とは異なる、魅力を高める必要がある）	2
	行政が観光を重視している	1
	記述なし	2
必要ではない（20人：20％）	観光客がいない方が生活しやすい	6
	観光依存から脱却するべき	5
	観光がなくても、経済や生活が成り立っている（観光地ではない）	4
	現状でよい	1
	記述なし	4
わからない（24人：24％）	感染のリスクがある	2
	観光客に頼りすぎ・観光だけに特化すべきではない	2
	観光で成り立っていたわけではない・十分発展している	2
	マナーの悪い観光客が減って生活しやすい	1
	時と場合による・観光は重要だが今は考える時期ではない	2
	記述なし・回答：わからない・無効回答	15
	計	100

類される内容が多いものの、自身の生活に対する影響（メリット）に
関する記述はほとんどなかったことである。調査対象者のなかには、
観光関連の仕事に従事する人も含まれてはいたが、三回の調査それぞ
れにおける該当者数は全体のなかではごく僅かであったことから[29]、
全体の回答傾向として、観光による具体的なメリットに関する記述が
ほとんど得られていない。回答者自身の生活に対する観光のメリット
に関する回答とは別に、2019年実施の調査では、観光関連の仕事に従
事する回答者（観光ボランティアガイド）の一人は、来札観光客数に
関して、「人が歩道に溢れて歩くのさえ大変である」と回答していた
ことからも、コロナ前、観光客増加による混雑が観光に関わる活動に
も影響を与えていたことがわかる。

3-2-2　インタビュー調査結果

　2021年実施の調査結果同様、2022年実施のアンケート調査において
も、札幌市の観光振興に対する記述回答のなかには、設問に対する選
択肢と相関しない、あるいは賛否を明確に分類することができない多
様な内容がみられた。そこで、2022年（2月）実施したアンケート回
答者のなかから、記述回答内容をもとに、協力を得られた10人に対す
るインタビュー調査（オンライン）を実施した（2022年2～3月）。
なお、インタビュー対象者は全員、コロナ前、日常的に観光客がいる
環境にあった点において共通するが、観光客の受け入れに対しては、
コロナ前よりも多くの観光客を期待：2人、同様でよい：5人、多く
の観光客を望まない：3人、のように、回答は異なる。
　コロナ前における急激な観光客数の増加を日常生活において感じて
いたインタビュー対象者の観光振興に対する意識については、アン
ケート調査結果同様、賛否として分類できないような多様な考えがみ
られた。なかには、観光振興に対して賛否両方を意識している人もい

るが、その理由は「どちらでもよい」という意味合いからではなく、まさに賛成でもあり、反対（懸念の表示）でもあること、そして、観光振興に賛成する人のなかにも、住民とコミュニケーションがあるような観光を望む声があったことがアンケート回答からはみえなかった点として挙げられる。

　このような声も含め、インタビュー対象者の観光振興に対する意識をまとめると、つぎのような二点が特徴として挙げられる。①改めて観光振興の必要性を認識し、観光による地域活性化のために、さらなる観光客増加を期待。②札幌市、さらには北海道全体における産業として観光が占める割合の高さへの不安や観光依存に対する危惧から、観光以外の産業育成の必要性を痛感。このなかで、②に分類される対象者のなかには、コロナ前の日常生活において、観光客の急増による混雑やマナー問題などにより自身が受けた日常生活への影響から生じた観光客に対する不満を行政に対する不満（コロナ前における急激な観光客の増加に行政の対応が追い付いていない）として示す人もいた。また、①の分類に入る対象者の一人は、観光による自身に対する直接的なメリットとして、自身の居住地近くのホテル周辺にタクシーの待機が日常的にあったため便利である点を挙げていたが、コロナにより観光客が激減した状況から、観光依存に対する懸念を示していた。そして、観光客のマナー問題については、観光振興賛成派の人のなかには寛容な受け止め方がみられる一方で、コロナによって全国的な行動制限が行われていた頃は、いかに暮らしやすい札幌市に戻ったかを強調する声もあった[30]。

　このような多様な声のなかで、観光客による住民に対するネガティブな影響（観光客増加による暮らしにくさを指摘）を挙げていた一人からはつぎのような声が聞かれた[31]。「観光が悪いと言っているわけではないが、観光の割合をもっと減らすべきだと思う」。インタビューで

は、他の対象者からも、自身の居住エリア・地域において観光が占める割合の高さに対するこのような懸念の声とともに、観光客によって生じる生活への影響に対する改善案もいくつか聞かれたが、それを市へ伝える機会は誰ももっていなかった。これは、地域の発展にとって重要であり、そのため寛容さが住民には求められるという声があるなかで、地域ツーリズムの展開の「しかた」、あるいは「ありかた」は、他の社会課題とは異なり、議論の対象となりにくいことを示している。

3-3　住民意識から考える都市観光の課題

　札幌市中央区民を対象としたアンケート・インタビュー調査結果からは、自身の居住エリアの観光振興に対する多様な考えが示された。アンケート回答のなかには、自身の居住エリアを「観光地」であると認識しているであろうと思われる回答（たとえば、「札幌市は観光都市である」がある一方、「観光地ではない」（観光客による自身の生活への影響に関する設問に対する記述回答として。原文のまま）という異なる認識もみられた。

　多くの地域同様、札幌市においても、観光振興に対しては、市民より観光客による消費額が高いとして観光の経済効果が謳われている。そのため、コロナは地域における経済効果という点においてはリスクである。一方、一部の住民にとって、コロナ前の観光客の急増による混雑やマナー問題等による生活へのネガティブな影響がリスクとなっていたことがわかる。このような点から観光関連計画の名称が「札幌市観光まちづくりプラン」である札幌市の「観光まちづくり」について考えてみると、「行政が観光を重視している」というアンケート回答者にとって、「観光まちづくり」は「観光によるまちづくり」である。他方、「観光地ではない」という回答者にとって、「観光」はあく

までも「まちづくり」の一要素である、あるいは、一要素でしかない
と捉えられている。

　本節で取り上げたアンケート・インタビュー調査対象者の居住地区
は、都市観光（アーバン・ツーリズム）の拠点エリアである。平日・休
日ともに来訪者・観光客がいる状況の創出が提唱される都市は[32]、日
常生活を営む住民と来訪者（観光客）が混在する空間が多いことを特
徴とする。都市という空間において成立する都市観光は、誘客が推奨
され、同じ空間を住民と来訪者（観光客）が共有することによって生
まれる賑わいそのものが観光対象（魅力）の一つとなる。しかしなが
ら、その空間は他のツーリズム形態に比べ、多種多様な機能をもち、
地域ツーリズムを構成する主体間の関係性がその人口の多さゆえに、
より複雑化していることから、たとえば、地震のような災害という非
常時の局面における対応に関わる課題が、比較的規模の小さい自治体
より細分化して表出されやすい。災害発生という局面において、行政
による支援対象となる住民のなかで、職員が観光客への対応に追われ
ることにより、支援を受けられない人にとって、同じく支援対象とな
る多数の観光客の存在はリスクともなる。そのため、災害や感染症拡
大などの非常時においては、行政による支援・対応は行政に対する信
頼に関わるが、行政に対する信頼は、災害や感染症という局面におい
てばかりでなく、行政の対応が追い付いていないため急増する観光客
によって自身の生活環境が悪化していると認識する住民の行政サービ
スに対する評価にも関わる。人々の信頼の喪失を行政の危機と捉える
行政危機管理という視点から[33]、これまで本章でみてきた地域（自治
体）内で展開するツーリズムに関わるさまざまな課題をみた場合、観
光（客）に対する市民感情の悪化はリスク・コミュニケーションの対
象ともなる。そのため、地域（自治体）内のさまざまな活動における
観光の割合をリスクという面からも捉えることによって、地域ツーリ

ズムの「ありたか」を問うプロセスは、地域ツーリズム・プロダクト
の「品質」に対する評価プロセスである。

─〈注〉─

1 ）　『広辞苑』（2018）第 7 版 p.655。
2 ）　来訪者に対応せざるを得なくなったため行なわれているツーリズムの
事例を、他の地域で推進されているツーリズムと同様に「地域ツーリズ
ム」として表現してよいのだろうか、という迷いを込めて、ここではか
ぎかっこで示した。
3 ）　「持続可能な観光」に関する記述においても「観光地」が使用されてい
る（たとえば、「日本版持続可能な観光ガイドライン」の紹介文として
「持続可能な観光地マネジメントの推進へ！」という表現：観光庁 HP
https://www.mlit.go.jp/kankocho/topics08_000148.html）、また、GSTC に
よる認証の仕組みの解説図にみられる「観光地」という表記（認証を受
けたホテル・ツアーオペレータと並び、「観光地」とある：日本エコツー
リズム協会（2021）『ECO ツーリズム』Vol.23, No.23, p.5）など。
4 ）　小樽商科大学グローカル戦略推進センター　産学官連携推進部門
（2018）「ニセコ観光圏住民観光意識アンケート調査報告書」より（調査
時期：2018年、有効回答数：1,469、観光関連従事者の回答は約 1 割）。
5 ）　ニセコ町（2019）「第 5 次ニセコ町総合計画　環境創造都市ニセコ
第 2 次改定に向けたアンケート調査」、倶知安町（2015）「倶知安町アン
ケート調査報告書」：（2017）「第 6 次倶知安町総合計画策定のためのま
ちづくり町民アンケート結果」より。
6 ）　期待としては、観光スポット等の増設、海外からの観光客の受け入れ
体制の強化、子供の英語教育環境を希望、そして、危惧としては、地
価・住宅価格等の上昇も含めた海外資本の参入が挙げられている。
7 ）　良質のパウダースノーが今後も期待できかどうかを心配する声が複数
人から上がっている。たとえば、「毎年良質のものがしっかり降るとも
言えず、外国人は雪がなくなればいなくなる。もっと倶知安町民が住み
やすい場所にしてほしい」など。
8 ）　たとえば、「観光客目線ばかりのスキーリゾート」や「住民のことを
考えてほしい」という表現。
9 ）　観光庁による「持続可能な観光の実現に向けた先進事例集」（2018年）
の「1 観光地マネジメント①：指標導入・調査実施　1-5　住民への観光

に関する意識調査の実施（沖縄県）」（p.12）より。なお、この調査報告には、調査結果に対する県の担当部局（沖縄県文化観光スポーツ部）によるつぎのようなコメントが併せて記されている。「観光への期待が大きい一方で、受入体制については、概ね、課題があるとの結果が示されている」、「観光誘客活動等の取組が、県民に支持され、喜ばれることが重要である」、「世界水準の観光リゾート地」の実現に向けた取組を加速していく必要性がある」。

10)　国土交通政策研究所（2019）「持続可能な観光政策のあり方に関する調査研究II」『国土交通政策研究』第150号、p.46。

11)　自治体自らが「観光地・鎌倉」と謳っている鎌倉市では、観光による住民への影響が地域によって異なることが、市による住民を対象としたアンケート調査（鎌倉市（2014）「観光に関する市民意識調査」）において示されている。

12)　国土交通省国土交通政策研究所（2018）「持続可能な観光政策のあり方に関する調査研究」『国土交通政策研究』第146号、p.133。

13)　写真7の「長篠堰堤」は、愛知県新城市にある長篠発電所の取水のための小規模なダムであるが、「三河のナイアガラ」とも呼ばれように、観光スポットのような存在になっている。コロナによって密を避けようとする人々のデスティネーションとして、さらに注目されることにより、周辺住民への影響（駐車問題）も発生したという。

14)　神奈川県観光協会「新型コロナウイルス感染拡大収束後の新しい観光に関するアンケート（第2回）（調査期間：2020年8月13日〜8月25日）調査報告書」。同調査結果では、コロナ禍においては、感染防止対策の実施が観光客受け入れに対する住民意識に変化を及ぼす要因の一つとして挙げられている。

15)　日本エコツーリズム協会（2021）『ECOツーリズム』Vol.23, No.23、p.5より。

16)　たとえば、愛知県蒲郡市による「改訂・蒲郡市観光まちづくりビジョン」（2021年9月）では、「コロナ禍、旅行者の多様性に対応した観光のあり方の見直しに対応」という表現とともに、「蒲郡で過ごすことの豊かさの共有」という表現があることからも、改訂前より、観光プロモーションに関する表現が減少している傾向がみられる。

17)　たとえば、三重県伊勢市の「おはらい町」における地域団体による活動事例など（安福 2017a）。

18)　北海道庁（2018）「北海道観光入込客数調査報告書（平成29年度）」より。

19)　札幌市（2018）「札幌市観光まちづくりプラン（改訂版）2013-2022」。

20)　北海道庁によれば、地震発生からおよそ 3 週間後（ 9 月30日調査時点）に公表された観光被害等額の推計は約356億円であり、イベント中止（一部中止を含む）は39件にのぼっている（北海道庁「平成30年北海道胆振東部地震による被害の状況について」p.3より）。

21)　札幌市（2019）「平成30年北海道胆振東部地震対応検証報告書」より。

22)　楽天インサイト（株）による配信（対象者：15〜79歳、男・女）。

23)　日本経済新聞「雪まつり後に発症者急増　北海道新型コロナ拡大」2020年 2 月29日（https://www.nikkei.com/article/DGXMZO56243210Z20C20A2CZ8000/）。

24)　北海道市町村振興協会（2020）「観光復興への歩み「密」から「疎」への転換を北海道観光の優位性を高めるチャンスに」Practice、33号、pp.22-25。

25)　2021年実施の調査は、2019年実施の調査と同一アンケート配信会社による（楽天インサイト（株）、対象者：15〜79歳、男・女）、また、2022年実施の調査における配信は、（株）ネオマーケティングによる（対象者：15〜79歳、男・女）。

26)　回答の選択肢は、「もっと多く」、「もう少し多く」、「同様でよい」、「もう少し少なく」、「あまり来て欲しくない」の 5 つに分類。

27)　受け入れ観光客数に対する回答選択肢、「もっと・もう少し多く」(2019年）を、観光振興を「推進すべき（2021年）」、「もう少し少なく・あまり来て欲しくない」(2019年）を「推進すべきではない」(2021年）、「同様でよい」(2019年）を「現状でよい」(2021年）と読み替えた場合の比較。

28)　表 4 および付録のアンケート回答（記述を除く）は、安福　2023より転載。なお、文中における記述回答の表現は原文のまま。

29)　2019年：0.04％、2021年：0.042％、2022年：0.04％。観光振興についての設問に対して得られた回答（ほとんどが「経済の活性化」に分類される）は、選択肢による回答のみで、記述はほとんどない（2022年調査では無効回答も含まれていた）。

30)　前者については、観光客に対して悪いイメージをもつ人がいることに対して、もっと寛容になるべきという声、そして、後者については、札幌市はすでに発展しているから観光振興より市民生活（たとえば除雪など）をもっと重視すべきという声が挙げられる。

31)　この対象者は、知人が仕事を辞めても、すぐ観光関連の仕事に就くことができたということから、この点については評価している一方、アンケート調査における記述回答には「観光客目線」という表現によって行

政を批判している。

32)　観光庁は、休日型の一般観光とともに、平日型のＭＩＣＥの開催による交流人口の平準化を提唱している（https://www.mlit.go.jp/kankocho/shisaku/kokusai/mice.html）。

33)　村山徹（2016）「行政の災害対応への人々の意識」松岡京美・村山徹編『災害と行政』には、行政による危機管理として、災害安全危機管理と並び行政信頼危機管理が挙げられている。

終　章

ツーリズム・プロダクトの社会的価値評価への視点

1　コミュニケーション・システムとしてのツーリズム

　ツーリズムは、その活動が行われる空間の設定、さらには、その空間内における社会的コントロールの強弱によって分類することができる。たとえば、世界遺産登録エリアや国立公園などは、歓楽街などに比べ、社会的コントロールが強い空間である。世界遺産登録エリアは、世界遺産制度によって価値を認められた文化や自然が観光資源・対象となる空間であることから、対象の保護が優先されるエリアであると同時に、ツーリストによる観光という行為を促す価値ある対象である。

　ツーリストの期待をかなえると同時に、ツーリストに対しても適切な行為を促すために、ツーリズム空間は物理的ばかりでなく、心理的にもその境界が定められる必要がある。たとえば、観光用につくられ、サービス空間自体が観光資源・対象となるレジャー施設（テーマパークやリゾート施設）の場合、物理的に閉じられることにより、サービスを受ける側はインタラクションを行う相手が定められるうえ

に、その空間にふさわしいインタラクションの生成が期待される。物理的・心理的な境界が設定されるこのような空間におけるレジャー経験は、そのコンテクストにおいてのみ創出される特別なものとして、たとえば、「テーマパークの体験価値」と呼ばれるような経済的価値として示される。そして、このような舞台化によるインタラクション生成のためのプロセスには、サービス提供者側と消費者側（ツーリスト）による価値の共有も含まれることから、このプロセスの重要な点は、その活動に付随する社会的、制度的そして経済的関係によって生じるインタラクションにおける秩序の維持である。たとえば、ディズニーのテーマパークでは、入園者が落としたゴミは従業員によってすぐに処理されるが、「エコツアー」と呼ばれるツアーでは、ツアー参加者はゴミの持ち帰りを求められる。また、観光資源・対象の特性により、ある状況においてはオーセンティックな場面設定が、一方、異なる状況においては人工的な場面が設けられることにより、異なるインタラクションが生成される舞台化のプロセスにおいては、それぞれ異なる場面設定によりツーリズムというシステムを機能させるためのコードが存在する。楽しみの組織化という視点からみるコードについては、マスとしてのエンターテインメントにおける社会秩序の維持に果たす役割の大きさが指摘されている（Chaney 1993）。

　「コード化するとは、具体的な形に仕上げる（形式化する）ことであると同時に、形を整える（言動に気を配る）ことでもある」として、「コード化は規律ならびに実践の規格化と密接に連帯する」と述べるブルデューは、コード化を「象徴の整理作業」あるいは「象徴秩序の維持作業」と呼び、コード化は最小限のコミュニケーションを保障すると考える（ブルデュー 1991）。ここで、本書（とくに第4章）においてみてきた、マスツーリズムに対する「オルタナティブ」というツーリズム空間をコード化の表象という視点から再び取り上げてみ

たい。消費社会の象徴として捉えられてきたマスツーリズムとの対比において登場した「オルタナティブ」というツーリズム空間において、資源に対するステークホルダーという概念とともにそのプロセスに求められたのが倫理コードであった。

　　「倫理は個人および社会的モラルに関する経験を一つにまとめるシステマテックな試みである」（Payne and Dimanche 1996: 998）。

　マスツーリズムに対する「オルタナティブ」という設定において、ツーリズム・プロダクトに対するツーリストの信頼を得るために変数的な役割を果たしているのが、サービス提供者側のパフォーマンスに対する評価基準となる倫理コードである。新たな秩序を促進するモデルとされるオルタナティブ・ツーリズムは、ツーリズムに対する倫理コードの関与により、新たな「エシカルツーリズム・プロダクト」（倫理的なツーリズム・プロダクト）を誕生させた。しかしながら、ツーリズム・プロダクトに対する倫理コードの関与は、1990年代、マスツーリズム・プロダクトへの対比としてすでに始まっていたにもかかわらず、近年、「地域コミュニティに配慮し」、「持続可能な状態を保つ」ツーリズムとして、サステイナブルツーリズムが「新たな」ツーリズムとしてアピールされている。このようなツーリズム・プロダクトの再生産プロセスは、構成要素であるコミュニケーション自体がコミュニケーションを産出する自己組織的特性を示すことから[1]、ツーリストによる観光という行為を促す産業の維持につながる。

　SDGs の流れのなかで、エコツーリズムをはじめとする倫理コードが関わるツーリズム・プロダクトのバージョンアップとして登場したサステイナブルツーリズムのチャレンジ性は、世界的なパンデミック（新型コロナウイルス感染拡大）というリスクに対しても示され、「サ

ステイナブル」（持続可能な）であることが、「サステイナブルではない」（持続可能ではない）ツーリズムに対する差異化としての役割を果たしている。

このような流れにおいて注目したいのは、消費型マスツーリズムの対極に位置づけられたエコツーリズムが人々の注目を集めていた頃みられた、つぎのような言説である。

> 「エコツーリズムは、経済的にも持続可能なツーリズム形態である。そのため、ディズニーランドは環境と経済の両面において持続可能であるという視点からみると、エコツーリズムの良い例である」（Ryan 2000: 18）。

エコツーリズムの理念である「持続可能性」が大量消費のシンボル的存在である人工的テーマパークに存在する、というパラドキシカルな関係に対するこの指摘からは、人工的テーマパークを「マス」としてステレタイプ化することにより、ツーリズムに対して「エコ」という新たな価値を見出そうとしていた媒体（メディア）の存在が浮かび上がる。マスツーリズムと「オルタナティブ」というツーリズムの関係性は、マスツーリズムというシステムが存在することによって、たとえば、「バックヤードツアー」（路地裏ツアーのような住民とのふれあいを重視するツアー）が成立することにみられるが、そこには、「オルタナティブ」で展開されているような状況設定はマスツーリズムには無いという前提がある。そのため、「本当の」エコツーリズムやサステイナブルツーリズムは、倫理コードが機能するツーリズムであることを示す必要があるが、そのプロセスにおいて重要な役割を果たすのがマーカー（媒体）である。

次節では、「サステイナブル」というツーリズム・プロダクトにお

けるマーカーの働きを、国内におけるサステイナブルツーリズム・プロダクト創出の動きからみていきたい。

2　地域ツーリズム・プロダクトに対するマーカーの関与

　本書第5章でみたように、国内における「持続可能な観光」の展開プロセスには、国際機関による SDGs の提唱 → 国際 NGO 団体によるサステイナブルツーリズムの認証制度（コード作成）→ 観光庁による「持続可能な観光」ガイドライン（「持続可能な観光地マネジメントをおこなうための支援ツール」）の作成 → 地域に対する国際認証制度の利用事業促進 → モデル事業への申請・選出 → 地域（自治体）における取り組み、さらには、国・自治体（地域）の取り組みに対するコンサルタント、サステイナブルコーディネータ等の関与、という流れがみられる。「持続可能な観光」創出プロセスにおいてポイントとなるのが評価基準であり、それが国際基準であることの重要性である。それは、理念である「持続可能な観光」が、「ガイド」され（なかでも観光庁による「ガイドライン」の作成はまさに「ガイド」することである）、準備サポートによる具体化された実践により、「持続可能な観光地域づくり」の先進事例という「モデル」として、他の地域（自治体）から視察の対象となることにみられる。

　すでに触れたように、国内では、「エコツーリズム推進法」が2007年に成立し、翌年に施行されている。しかし、推進法よりはるかに高い関心を集める SDGs により、サステイナブルツーリズムの国際認証に関する情報はさらにその発信力を強めている。それは、たとえば、ツーリズムとは異なる他の分野である建築分野において、住宅建築の際の断熱材使用に関し、「業界のほうでは頑張っているほうだった

が、海外の方法を知らなかった」[2]という国内の業者の声と同様に、国際認証に関する日本語による情報が限られているなか、多くの人々が入手可能な情報として、サステイナブルツーリズム・プロダクトの市場拡大を加速させている。

持続可能な取り組みであると謳っていなくても同様の実践がみられる地域もあるなかで、国際認証制度における格付け表彰制度が国際基準であることの重要性は、市場に対する専門的知識（サステイナブルコーディネータやコンサルティング会社等）というマーカーが機能する範囲がグローバルであることを示している。このプロセスは、ガイドによるインタープリテーション（解説）という実践が「マス」というツーリズムとの差異化において、ガイド（インタープリター）の専門的知識に対する信頼があってはじめて価値となる状況と同様、グローバルな市場において、信頼できる「地域」としての境界を定める役割を果たす。これが装置としてシスティマティックに機能するツーリズム空間が国内のインバウンド市場である。「サスティナブル」に向けた取り組みは、環境に対する意識が高い観光客に選ばれるような地域として、とくに国外からの観光客に対するアピールとなる。これを顕著に示すのが、観光関連事業者（おもにインバウンド関連）等によるサステイナブルツーリズムの理念やその実践の意義を謳う多数のウエブサイトである。

このプロセスにみられる特徴的な点は、インバウンド推進の動きとともに、広く認識されるようになった、いわゆる「オーバーツーリズム」に対する指摘が、「持続可能な観光」に向けた取り組みの必要性を謳うためのマーカーとしても機能していることである。それは、国、自治体、観光推進機関・団体、観光関連事業者等による「オーバーツーリズム」に対する取り組みの必要性・重要性に対する指摘 →「持続可能な観光」の取り組み（なかでも国際認証取得）の必要性・重要

性という流れにみられる。このプロセスは、「持続可能な観光」の
マーカー（イメージ）を一層強めることによって多様な主体を巻き込
む社会全体としての実践として、地域ツーリズム・プロダクトのプロ
モーションやマーケティング強化につながっている。そして、このよ
うな、「持続可能な観光」推進に関わるさまざまな主体による活発な
動きは、その理念に関わる実践が、とくにコロナの感染拡大により大
きな影響を受けた地域や事業者の事業継続の実践と重なることによ
り、グローバル・プロダクトに対する新たな価値創出プロセスとして
示されるとともに、国によって新たに始まった「モデル観光地」にお
ける「高付加価値旅行者の誘客」につながる[3]。

　しかしながら、このような「持続可能な観光」という価値を広める
マーカーの働きが及ぶのは特定の主体（ステークホルダー）に限られ
る。次節では、本書が焦点を当ててきた「地域」という空間において
成立するツーリズムによって生産されるプロダクトの価値評価につい
て、異なる主体の視点から考えてみたい。

3　オーセンティシティから考える創発的価値創出の可能性

　事物の価値は、それらを生産するために必要な総労働量によって決
定されるのではなく、むしろ、その価値はそれらが約束する経験や体
験の質および量がどのように機能しているかを反映していると考える
MacCannell は、異なるコードがシスティマティックに機能すること
によって創出されるツーリストの経験に対するオーセンティシティの
強化プロセスを、消費型マスツーリズムの特性として捉えた。彼が分
析対象としたのは、観光産業によってシステム化された「表舞台」と
「裏舞台」の境界（舞台化の境界）に対するマネジメントのプロセス

であり、そのプロセスにみられる両舞台の弁証法的関係であった。

　本書では、MacCannell によって示された「文化生産」という概念をもとに、マスツーリズムとは差異化された「新たな」ツーリズム・プロダクトの生産プロセスを中心にみてきた。MacCannell が分析対象としたツーリズムのシステムは、近年、急速な社会の変化を背景として、多様化する人々の関心に対応するため、より複雑化していることに加え、ツーリズムを構成する主体間の関係はより重層化している。それが顕著にみられるのが、地域をデスティネーションとするツーリズムである。地域そのものが観光資源・対象として展開されるツーリズムにおいて、そこで生産されるプロダクトの価値に対する評価は、観光関連産業を中心として創出されるレジャー空間の価値に対する評価と比べ、より多様であることから、誰によってどのように評価されるのかをみる必要がある。

　本書第 6 章で取り上げた滋賀県針江集落では、外からの「ヒト」に「対応せざるを得なくなった」地域ツーリズムにおける地域資源（湧水施設である「カバタ」）の観光活用に対する判断基準として「人びとの生活実感からはずれない」という住民の共有認識がオーセンティシティとして示されていた。一方、北海道ニセコ町による「まちづくり」に対する住民意識アンケート回答にみられた「ニセコ町らしさ」という表現により、地域の自然・農村景観が失われていく懸念に対して、行政側のコメント（都市計画法や景観条例を準拠している開発を規制することはできない）からは、地域における景観のオーセンティシティに対する基準の相違がみられた。同様に、筆者による札幌市民に対するアンケート・インタビュー調査においても、観光都市であることからさらなる観光客の来札を期待する住民と、急激な観光客の増加（コロナ前）によって「暮らやすさ」が失われてしまったことへの不満を示す住民間における「観光まちづくり」のあり方に対する基準

の相違がみられた。さらに、観光客数増加による観光消費額の増加が
価値評価の基準となる行政に対しては、観光による自身に対するメ
リットは感じられなくても、観光振興は行政が力を入れてやっている
からという理由で賛成する住民と、「まち」はすでに発展しているか
らこれ以上観光による発展は不要であるとして、観光振興を進める行
政に対する不満を示す住民の間にみられたのは、双方によってその判
断基準が全く異なる行政に対する信頼の有無であった。

　信頼は、ツーリズム・プロダクトの価値判断基準に関わる変数的意
味合いをもつものとして、ツーリズムのさまざまな局面においてみら
れる。経済活動として地域ツーリズムを捉える場合、デスティネー
ションとしての評価は消費者（ツーリスト）によって行われる。他
方、社会活動として地域ツーリズムを捉える場合、ツーリストは住民
による評価の対象となる。観光という行為をするツーリストは、住民
の評価対象となるばかりでなく、さまざまなメディアによって取り上
げられることにより社会全体の評価対象ともなる。観光客の分散だけ
では解決されないような、社会的規範としての倫理コードが機能して
いない「オーバーツーリズム」という状況に対して、批判の対象とな
る観光客の行為は[4]、日常生活に負の影響を受けている住民にとって
はリスクとなるが、観光客による経済効果を期待する住民にとって、
数の減少は自治体、観光推進機関・団体、観光関連事業者同様、リス
クとなる。さらに、信頼の喪失がそれ自体新たなリスクとなるという
視点からみた場合[5]、急速な観光客の増加によって日常生活に影響を
受けた住民により、「何もしてくれない」、「観光客目線」と捉えられ
ている行政にとって、このような住民による評価は、二次的なリスク
管理の必要性を示している。

　そして、地域外の人々に対して発信する情報が地域イメージ形成と
して、プロダクトの価値に大きく影響を与えるツーリズムにおいて、

信頼がプロダクトの価値に関わるのが災害によるリスクである。観光客数の増加を期待する人々にとって、その減少が経済的リスクとなるのと同様に、災害に対する備えをすることが、危ない地域であるというメッセージを発することになると考える立場の人と、それが地域（デスティネーション）に対する信頼という価値につながると考える人の間における価値評価基準は異なる。イメージ形成という特性が顕著であるツーリズムにおける信頼を考える際に重要となるデスティネーションからの情報発信については、デスティネーションにおける災害リスクやその対応に関心をもつ来訪予定者によって信頼性への評価となる[6]。さらに、地域ツーリズムの価値評価（社会的評価）に関わる要因の一つとなる災害発生時における地域外の人々（来訪者・観光客）への対応もデスティネーションの価値評価対象となるとともに、災害発生時、行政による支援対象である住民が、同じく支援対象となる観光客対応により支援されない状況の発生はリスクであることから、行政に対する信頼にも関わる。

　ユネスコという国際機関による世界遺産登録基準であるオーセンティシティは文化や自然の価値評価基準の一つであるが、ツーリズムというコンテクストにおいては、観光資源・対象の真正性を示す基準としてだけでなく、そのみせ方、たとえば、ガイドやインタープリテーションという装置の信頼性に対する基準となる。同様に、「サステイナブル」というプロダクトの信頼性は、透明性を確保するために複数の国際機関から構成されたという国際NGO団体（GSTC）による国際認証に対する信頼性の基準として、国、地域、団体等の積極的な認証取得への動きを誘発する。

　ツーリズムによって創出されるプロダクトの価値が、ツーリズムというコンテクストにおいてのみ評価されるのではなく、社会全体からの評価となるのが地域という空間（舞台）において展開されるツーリ

ズムである。生活空間がデスティネーションとなるような空間に対する価値評価は、たとえばテーマパークにおける「体験価値」のように、利用者（ツーリスト）によってのみ行われるのではなく、その構成メンバーである住民によっても行われる。そのため、いわゆる「オーバーツーリズム」と呼ばれるような現象が生じるような空間をみた場合、そこは、「計測しやすい価値」（観光客数・観光消費額）と「計測しにくい価値」（生活環境・住民満足度）の相克の「場」でもある。ツーリストとサービス提供者側（観光関連組織・団体・事業者等）により生産されるツーリズム・プロダクトとは異なり、住民がステークホルダーとなる地域ツーリズムでは、特定のステークホルダーの意向がプロモーションやマーケティング分野における専門的知識として示されるのに対し、ツーリストやサービス提供者側とは異なる位相の「経験」が多様な価値や意向として示される。しかしながら、多くの地域において、観光による地域活性化の重要性が一様に謳われるなか、地域ツーリズムの展開に対して求められるアドバイスの多くは経済的価値に基づいたものである。そのため、観光による地域活性化の重要性が経済的あるいは社会的効果のどちら（あるいは両方）をイメージしているものなのかが明確でないうえ、個別的・主観的とも受け取られがちな多様な住民の声は、プロダクトの品質に対するアドバイスとしての価値評価対象とされにくい。さらに、その評価を難しくしているのは、観光は楽しいものであり、住民もホスピタリティ精神が重要であるという創られてきたイメージである。

　そのため、地域で展開されるツーリズムの課題が他の社会課題と同様に位置づけられるように、地域ツーリズムのパフォーマンスに対しては、多様な声として示される住民ひとりひとりの価値観の差を縮小することによって[7]、社会全体で価値観を学び評価する（価値を引き出す）というプロセスが必要となる。自身が居住する空間の秩序に関

わるこの作業は、観光空間のオーセンティシティに対する価値基準の設定によるツーリズムの持続可能性に対する模索でもあることから、広く品質の一部とみなされるという社会的価値評価のための「場」として、そのプロセスから派生するプロダクトに対する新たな価値創出の可能性をもつ。

　誰に評価されるのかによって全く異なるツーリズム・プロダクトの価値について、本書では、オーセンティシティ、持続可能性、倫理コード、リスク、信頼をキーワードとしてみてきたが、ツーリスト像の分析には至っていない。しかし、ここで一つだけ明確に述べることができるのは、近年、ツーリストはツーリズムという仕組みにおける消費者（観光という行為をする人）という立場だけでなく、ソーシャルメディアを通じてアドバイスをする側の役割が一層強くなることにより、観光対象の創出に対して以前にも増して積極的に関わる人として、その存在の大きさが注目されていることである。ツーリズム・プロダクトの社会的価値を高めるのか、あるいは低下させるのか、という点において、社会を映し出す概念であるオーセンティシティの構築に対するツーリストの関わり方が注目される。

──〈注〉────────────────────────────────

1）　ルーマンは、システム構造はシステム境界を定義するとともに、システムの存続を規定していると考える（ルーマン1993）。
2）　「世界最先端のエコ住宅」を紹介するテレビ番組（テレビ東京「ガイヤの夜明け」2023年1月13日放映）より。
3）　観光庁 HP https://www.mlit.go.jp/kankocho/news03_000229.html（2023/6/5）より。
4）　世界観光倫理憲章に基づき、世界観光倫理委員会が作成した目標として国連観光機関（UNWTO）により「責任ある観光」・「責任ある旅行者」という表現が示されている。
5）　小松（2016）。

6) 山岸（1998）によれば、信頼は相手の信頼性の評価であり、対象の信
　頼性の単なる反映ではないという。
7) 佐々木（2010）には、「ひとりひとりの価値観の差を縮小することが
　できる」とされる「基礎的・社会的必要性」に基づいた評価基準につい
　て示されている。

あとがき

　数年前のことになるが、筆者が勤務する大学の研究室に高校生が数名訪ねてきた。その目的は、総合学習のグループ活動として、自分たちで決めたテーマに関する質問のためで、そのテーマは「なぜ○○県は魅力がないのか」であった。もしそれが、「なぜ○○県は魅力が無いといわれているのか」であったなら、まさに筆者の関心事である。もちろん、彼女たちがこの表現によって伝えたかったのは、○○県には彼女たちを魅了するような観光スポットがないため「魅力がない県」だということである。なぜこのテーマを選んだのかという筆者の問いに対し、彼女たちは、テレビのバラエティ番組名を挙げていた。

　人気がある（人がたくさん来る）観光スポットの有無を地域の価値評価基準としているのは、この高校生たちばかりではない。観光関連事業者側はもちろんのこと、「魅力の発見」、「観光資源の磨き上げ」、「魅力を高める」などの表現が散見される計画書・報告書等からは、その作成側である国や自治体も同様であることがわかる。一方、平日であっても日常的に観光客がたくさんいるようなエリアを有する自治体職員のなかには、他の地域であれば、観光客数の増加をもって住民から仕事ぶりを評価されるところ、自分たちはそういう状況ではないことから、いかにして観光によるメリットを住民に理解してもらえるかが課題である、という悩みのような話も聞かれる。ちなみに、冒頭

で紹介した高校生たちが不満としていた〇〇県においても、その後、県からの構想提案により、新たにテーマパークがオープンし、人気を集めている。

　コロナ前のような日常が戻ってきつつある現在、コロナ前、「オーバーツーリズム」の現象が頻繁にメディアで取り上げられていた京都市では、また同様の現象に関する報道もみられるようになった。京都市は、サステイナブルツーリズム（「持続可能な観光」）のデスティネーションとして、国際認証団体による表彰制度「TOP100選」（本書第5章参照）に2年連続で選出され、「国際的な観光地としての認知度向上につながることが期待」（京都市HP）されているという。ここで、本書では取り上げなかった、京都市民を対象として実施した筆者によるオンラインアンケート調査回答（2023年2月実施：対象者100人）のなかから、あえてつぎの記述回答を挙げてみたい（原文のまま）。まず、京都市における「持続可能な観光」に対する取り組みに対しては、「持続可能な観光とは何かについての議論が大事」、「その施策の方向性によっては賛成もするし反対もする」、「「持続可能な観光」ってあり得ないです」。そして、コロナ前におけるツーリズムによる日常生活への影響については、「地元個人には何の利益もない」、「観光客のマナーが悪い」、「観光化は自治体の管理下で行われるべきであると思う」。後者の設問に対する回答については、本書第6章で取り上げた札幌市民を対象としたアンケート調査回答と同様の記述内容がみられることから、地域の特性は異なっても、観光空間と生活空間が重なる観光拠点エリアにおける課題について、改めて認識することとなった。

　デスティネーションとなる地域のプロモーションやマーケティング活動がコロナ前のように加速している。本書第6章で取り上げたインタビュー調査対象者のなかで、コロナ前、観光客によってポイ捨てさ

れたゴミを散歩の際に拾っていたという住民は、観光関連の仕事に従事していないが、まちのためになる取り組みには参加したいと言っていた。「持続可能な観光」は、国際認証という基準だけではすべてのステークホルダーによって評価されることは難しい。地域ツーリズムのステークホルダーすべてによって創出されるプロダクトの魅力的品質に向けた場づくりが行われることを期待したい。

　　2023年 5 月30日

筆者

付録 1　第 6 章のアンケート設問（2022年実施）

Q1　　新型コロナウィルスの感染拡大が収まり、札幌市における観光客
　　　数が新型コロナウィルス感染拡大前の頃（2019年末まで）のよう
　　　に戻ったとした場合、あなたは札幌市を訪れる観光客数について
　　　どのようにお考えになりますか。（お答えはひとつ）
　1）　　新型コロナウィルス感染拡大前までより、もっと多く来て欲しい
　2）　　新型コロナウィルス感染拡大前と同じぐらいでよい
　3）　　新型コロナウィルス感染拡大前までのように多く来て欲しくない

Q2　　前問で、札幌市における観光客数が新型コロナウイルス感染拡大
　　　前の頃（2019年末まで）のように戻ったとした場合、【Q1回答表
　　　示】と答えた方にお伺いします。上記の回答理由として、該当す
　　　るものが選択肢のなかにあればお選びいただき、無ければ、［そ
　　　の他］を選び、その理由をお書きください。（お答はいくつでも）
　1）　　経済活性化のため
　2）　　札幌市は観光のまちだから
　3）　　活気を取り戻すため
　4）　　感染拡大前まで、多くの観光客が来ていたから
　5）　　感染拡大が怖いから
　6）　　観光客が減って生活がしやすいから
　7）　　観光依存から脱却するため
　8）　　その他　　［　　　　　　　　　　　　　　　　　］

Q3　　新型コロナウィルス感染拡大前の頃（2019年末まで）、ご自身の
　　　生活圏において観光客はいましたか。（お答はひとつ）
　1）　　日常的にいた
　2）　　たまにいた
　3）　　いなかった

Q4-1　前問で、新型コロナウィルス感染拡大前の頃（2019年末まで）、
　　　ご自身の生活圏において観光客は【Q3回答表示1）と2）】と答
　　　えた方にお伺いします。どのような場所・状況で観光客が多くい

たか具体的にお答えください。（お答は具体的に）（必須）
例：公共交通機関利用時、施設や商店利用時など
記述
【　　　　　　　　　　　　　　　　　　　　　　　　　　　】

Q4-2　上記で回答された状況において、観光客によってご自身の生活に
　　　影響がありましたか。（お答えはひとつ）
　1）　あった
　2）　なかった

Q4-3　前問で、観光客によってご自身の生活に影響が【1）あった】と
　　　答えた方にお伺いします。どのような影響があったか具体的にお
　　　答えください。（お答は具体的に）（必須）
【　　　　　　　　　　　　　　　　　　　　　　　　　　　】

Q5-1　新型コロナウィルス感染拡大前まで（2019年末頃まで）、観光に
　　　よって、ご自身の生活において良くなった点、あるいは悪くなっ
　　　た点はありましたか。（お答はひとつ）
　1）　あった
　2）　なかった

Q5-2　前問で、新型コロナウィルス感染拡大前まで（2019年末頃まで）、
　　　観光によって、ご自身の生活において良くなった点、あるいは悪
　　　くなった点が【1）あった】と答えた方は、良くなった点、ある
　　　いは悪くなった点を具体的にお答えください。（必須）
　　　例：生活が便利になった、暮らしにくくなった
【　　　　　　　　　　　　　　　　　　　　　　　　　　　】

Q6　　あなたは現在、観光関連のお仕事（ボランティアも含む）をして
　　　いますか。
　1）　している
　2）　していない

Q7　　前問で、【1）している】と答えた方にお伺いします。あなたが

現在行っている観光関連のお仕事（ボランティアも含む）をすべてお答えください。（お答はいくつでも）

1）　観光関連施設（観覧施設・体験施設を含む）
2）　宿泊施設
3）　飲食店・小売店
4）　運輸
5）　ガイド業（観光ボランティアガイドも含む）
6）　その他【　　　　　　　　　　　　　　　　　　　】

Q8-1　あなたは、現在の札幌市による新型コロナウイルス感染防止対策は観光客を受け入れるのにあたり十分であると思いますか。（お答はひとつ）

1）　十分である
2）　十分ではない
3）　わからない

Q8-2　前問で、現在の札幌市による新型コロナウイルス感染防止対策は観光客を受け入れるのにあたり【Q8-1回答表示1）と2）】と答えた方にお伺いします。上記の理由を具体的にお答えください。（お答は具体的に）（必須）
【　　　　　　　　　　　　　　　　　　　　　　　　　　】

Q9-1　あなたは、ご自身がお住まいの地域が発展していくために、観光客の受け入れは必要だと思いますか。（お答はひとつ）

1）　必要
2）　必要ではない
3）　わからない

Q9-2　前問で、ご自身がお住まい地域が発展していくために、観光客の受け入れは【回答表示】と答えた理由を具体的にお答えください。（必須）
【　　　　　　　　　　　　　　　　　　　　　　　　　　】

付録2　第6章のアンケート回答（記述を除く）

	性別		%
1	男性		58.0
2	女性		42.0

	年代		%
全体	20代		9.0
	30代		14.0
	40代		23.0
	50代		32.0
	60代		18.0
	70代		4.0
男性	20代		2.0
	30代		7.0
	40代		13.0
	50代		21.0
	60代		12.0
	70代		3.0
女性	20代		7.0
	30代		7.0
	40代		10.0
	50代		11.0
	60代		6.0
	70代		1.0

Q1	新型コロナウィルスの感染拡大が収まり、札幌市における観光客数が新型コロナウィルス感染拡大前の頃（2019年末まで）のように戻ったとした場合、あなたは札幌市を訪れる観光客数についてどのようにお考えになりますか。（お答えはひとつ）		
			%
1	新型コロナウィルス感染拡大前までより、もっと多く来て欲しい		27.0
2	新型コロナウィルス感染拡大前と同じぐらいでよい		40.0
3	新型コロナウィルス感染拡大前までのように多く来て欲しくない		33.0
	全体		100.0

Q2	前問で、札幌市における観光客数が新型コロナウィルス感染拡大前の頃（2019年末まで）のように戻ったとした場合、【Q1回答表示】と答えた方にお伺いします。上記の回答理由として、該当するものが選択肢のなかにあればお選びいただき、無ければ、「その他」を選び、その理由をお書きください。（お答えはいくつでも）		
			%
1	経済活性化のため		47.0
2	札幌市は観光のまちだから		30.0
3	活気を取り戻すため		33.0
4	新型コロナウィルス感染拡大前まで、多くの観光客が来ていたから		28.0
5	新型コロナウィルス感染拡大が怖いから		17.0
6	観光客が減って生活がしやすいから		21.0
7	観光依存から脱却するため		16.0
8	その他		3.0
	全体		100.0

Q3	新型コロナウィルス感染拡大前の頃（2019年末頃まで）、ご自身の生活圏において観光客はいましたか。（お答えはひとつ）		
			％
1	日常的にいた		61.0
2	たまにいた		31.0
3	いなかった		8.0
	全体		100.0

Q4-2	上記で回答された状況において、観光客によってご自身の生活に影響がありましたか。（お答えはひとつ）		
			％
1	あった		31.5
2	なかった		68.5
	全体		100.0

Q5-1	新型コロナウィルス感染拡大前まで（2019年末頃まで）、観光によって、ご自身の生活において良くなった点、あるいは悪くなった点はありましたか。（お答えはひとつ）例：生活が便利になった、暮らしにくくなった、など		
			％
1	あった		26.0
2	なかった		74.0

Q6	あなたは現在観光関連のお仕事（ボランティアも含む）をしていますか。（お答えは1つ）		
			％
1	している		4.0
2	していない		96.0
	全体		100.0

Q7	前間で、現在観光関連のお仕事（ボランティアも含む）を【している】と答えた方にお伺いします。あなたが現在行なっている観光関連のお仕事（ボランティアも含む）をすべてお答えください。（お答えはいくつでも）		
			％
1	観光関連施設（観覧施設・体験施設を含む）		25.0
2	宿泊施設		50.0
3	飲食店・小売店		－
4	運輸		－
5	ガイド業（観光ボランティアガイドも含む）		25.0
6	その他		－
	全体		100.0

Q8-1	あなたは、現在の札幌市による新型コロナウィルス感染防止対策は観光客を受け入れるのにあたり十分であると思いますか。（お答えは1つ）		
			％
1	十分である		13.0
2	十分ではない		53.0
3	わからない		34.0
	全体		100.0

Q9-1	あなたは、ご自身がお住まいの地域が発展していくために、観光客の受け入れは必要だと思いますか。（お答えは1つ）		
			％
1	必要		56.0
2	必要ではない		20.0
3	わからない		24.0
	全体		100.0

参考・引用文献

Aldridge, D.

1989   How the Ship of Interpretation was Blown Off Course in the Tempest: Some Philosophical Thoughts. In Uzzell, D. ed. *Heritage Interpretation Volume 1: The Natural & Built Environment.* London: Belhaven Press.

Britton, S.

1991   Tourism, Capital, and Place: Towards a Critical Geography of Tourism. *Environment and Planning D: Society and Space*, 9: 451-478.

ブルデュー、P.

1991   石崎晴己訳『構造と実践　ブルデュー自身によるブルデュー』藤原書店。

Campbell, L. M.

1999   Ecotourism in Rural Developing Communities. *Annals of Tourism Research* 26: 534-553.

Carroll, A. B.

1989   *Business & Society: Ethics and Stakeholder Management* (2nd Edition). Cincinnati: South –Western Publishing Co.

Cater, E.

1994   Introduction In Cater, E. and G.Lowman eds. *Ecotourism: A Sustainable Option? Chichester: John Wiley & Sons.*

Ceballos-Lascurain, H.

1996   *Tourism, Ecotourism, and Protected areas.* International Union for Conservation of Nature and Natural Resources.

Chaney, D.

1993   *Fictions of Collective Life: Public Drama in Late Modern Culture.* London/New York: Routledge.

Cohen, E.

	1979	A Phenomenology of Tourist Experiences, *Sociology* 13(2): 179-201.

1979 A Phenomenology of Tourist Experiences, *Sociology* 13(2): 179-201.

1985 The Tourist Guide: The Origins, Structure and Dynamics of a Role. *Annals of Tourism Research* 12: 5-29.

1995 Contemporary Tourism-Trends and Challenges: Sustainable Authenticity or Contrived Post-Modernity? In Butler, R. and D. Pearce eds. *Change in Tourism: People, Places, Processes*. Rutledge.

Craig, B.

1989 Interpreting the Historic Scene: The Power of Imagination in Creating a Sense of Historic Place. In Uzzell, D. ed. *Heritage Interpretation Volume 1: The Natural & Built Environment*. London: Belhaven Press.

Crik, M.

1989 Representations of International Tourism in the Social Sciences: Sun, Sex, Sights, Savings, and Servility. *Annual Review of Anthropology* 18:307-344.

Davidson, T. L.

1994 What are travel and tourism: Are they really an industry? In Theobald, W. F. ed. *Global Tourism*. Oxford: Butterworth Heinemann.

Davis, G. S.

1997 *Spectacular Nature: Corporate Culture and the Sea World Experience*. Berkeley: University of California Press.

Dearden, P. and S. Harron

1994 Alternative Tourism and Adaptive Change. *Annals of Tourism Research* 21: 81-102.

Drummond, S. and I. Yeoman eds.

2001 *Quality Issues in Heritage Visitor Attractions*. Oxford: Butterworth-Einemann.

Fennell, D. A.

1998 Ecotourism in Canada. *Annals of Tourism Research* 25: 231-234.

ギデンズ、アンソニー

1987 松尾精文・藤井達也・小幡正敏訳『社会学の新しい方法基準』而立書房

1986 宮島喬他訳『社会理論の現代像』みすず書房。

1989 友枝敏雄・今田高隆・森重雄訳『社会理論の最前線』ハーベスト社。

Giddens, A.

1984 *Constitution of Society*. Cambridge/Oxford: Polity Press.

1990 The Consequences of Modernity. Polity Press（邦訳＝1996 松尾精

文・小幡正敏（訳）『近代とはいかなる時代か？』而立書房。

Goffman, E.

1959 *The Presentation of Self in Everyday Life.* Penguin.

1974 *Frame Analysis: An Essay on the Organization of Experience.* New York: Harper & Row, Publishers.

Gottdiener, M.

1997 *The Theming of America: Dreams, Visions, and Commercial Spaces.* Oxford: Westview Press.

Gupta, S. and M. Vajic

2000 The Contextual and Dialectical Nature of Experiences In Fitzsimmons, J. A and M. J. Fitzsimmons eds. *New Service Development, Creating Memorable Experiences.* Sage Publicationss.

Hall, C.M.

1994 Ecotourism in Australia, New Zealand and the South Pacific: Appropriate Tourism or a New Form of Ecological Imperialism? In Cater, E. and G. Lowman ed. Ecotourism: A Sustainable Option? Chichester: John Wiley & Sons.

Hall, C.M. and S. McArthur

1996 *Heritage Management in Australia and New Zealand.* Melbourne: Oxford University Press.

Ham, S. H.

1992 *Environmental Interpretation: A Practical Guide for People with Big Ideas and Small Budgets.* Golden: North American Press.

Hjalager, A.-M.

1994 Dynamic Innovation in the Tourism Industry. In Cooper, C. P. and A. Lockwood eds. *Progress in Tourism, Recreation and Hospitality Management* Vol.6. Chichester: John Wiley & Sons.

1996 Tourism and the Environment: The Innovation Connection. *Journal of Sustainable Tourism* 4(4): 201-218.

今田高俊

1986 『自己組織性』創文社。

Ireland, M.

1993 Gender and Class Relations in Tourism Employment. *Annals of Tourism Research* 20: 666-684.

今井賢一・金子郁容

1988 『ネットワーク組織論』岩波書店。

伊丹敬之

1992 「場のマネジメント序説」『組織科学』26(1): 78-88.

　　　　　1999　『場のマネジメント　経営の新パラダイム』NTT 出版。

小松丈晃

　　　　　2016　「信頼とリスクのマネジメント」『現代社会学理論研究』10,
　　　　　　　　pp.3-13

河野靖

　　　　　1995　「文化遺産の保存と国際協力」石澤良昭編『文化遺産の保存と環
　　　　　　　　境』（講座［文明と環境］12）朝倉書店。

Kuenz, J.

　　　　　1993　It's a Small World after All: Disney and the Pleasures of Identification.
　　　　　　　　The South Atlantic Quarterly 92(1): 63-88.

Lanfant, M. and N. Graburn

　　　　　1992　International Tourism Reconsidered: The Principle of the Alternative.
　　　　　　　　In Smith, V. L. and W. R. Eadington eds. Tourism Alternatives.
　　　　　　　　Philadelphia: University of Pennsylvania Press.

Lanfant, M. et al. (eds.)

　　　　　1995　*International Tourism: Identity and Change.* London: SAGE
　　　　　　　　Publications.

Leask A. and I. Yeoman eds.

　　　　　1999　*Heritage Visitor Attractions: An Operations Management Perspective.*
　　　　　　　　New York: Cassell.

Light, D.

　　　　　1987　Interpretation at Historic Building, *Swansea Geographer* 26: 34-43.

　　　　　1991　The Development of Heritage Interpretation in Britain. *Swansea
　　　　　　　　Geographer* 28: 1-13.

　　　　　1992　Notes on Evaluating the Effectiveness of Interpretation. *Swansea
　　　　　　　　Geographer* 29: 99-108.

MacCannell, D

　　　　　1973　Staged Authenticity: Arrangements of Social Space in Tourist Settings.
　　　　　　　　American Journal of Sociology 79(3): 589-603.

　　　　　1976/1989　*The Tourist: A New Theory of the Leisure Class,* New York:
　　　　　　　　Schocken Books. (1999 Berkeley :University of California Press.)

　　　　　1992　*Empty Meeting Grounds: The Tourist Papers.* London: Routledge.

McIntosh, R.W., Goeldner, C.R. and J. R. B. Ritchie

　　　　　1995　*Tourism: Principles, Practices, Philosophies.* New York: John Wiley &
　　　　　　　　Sons, Inc.

Munt, Ian

　　　　　1994　The 'Other' Postmodern Tourism: Culture, Travel and the New
　　　　　　　　Middle Classes. *Theory, Culture & Society* 11: 101-123.

Murphy, P.

    1985   *Tourism: A Community Approach*. New York/London: Methuen.

西川亮

    2021   「オーバーツーリズム観光地における新型コロナウイルス流行後の住民の観光に対する意識に関する研究―観光との接点を有する住民を対象として―」『観光研究』Vol.32, No.2, pp.53-66.

Norris, R.

    1992   Can Ecotourism Save Natural Areas? *National Parks* 66（January/February）: 30-34.

日本エコミュージアム研究会編（荒井重三代表編集）

    1997   『エコミュージアム理念と活動――世界と日本の最新事例集――』牧野出版。

日本環境教育フォーラム監訳・解説

    1994   『インタープリテーション入門――自然解説技術ハンドブック』小学館。

Nuryanti, W.

    1996   Heritage and Postmodern Tourism. *Annals of Tourism Research* 23: 249-260.

Oakes, T. S.

    1993   The Cultural Space of Modernity: Ethnic Tourism and Place Identity in China. *Environmental and Planning D: Society and Space* 11: 47-66.

岡村祐・野原卓・西村幸夫

    2009   「我が国における「観光まちづくり」の歴史的展開―1960年代以降の「まちづくり」が「観光」へ近接する側面に着目して―」『観光科学研究』第2号、pp.21-30。

小川長

    2013   「地域活性化とは何か―地域活性化の二面性―」『地方自治研究』Vol.28, No.1 pp.42-53.

大野哲也

    2008   「地域おこしにおける二つの正義　―熊野古道、世界遺産登録反対運動の現場から―」『ソシオロジ』第53巻第2号、pp.73-90.

Orams, M.B.

    1995   Towards a More Desirable Form of Ecotourism. *Tourism Management* 16(1): 3-8.

Payne, D. and F. Dimanche

    1996   Towards a Code of Conduct for the Tourism Industry: An Ethics Model. *Journal of Business Ethics* 15: 997-1007.

Peleggi, M.

    1996   National Heritage and Global Tourism in Thailand. *Annals of Tourism Research* 23: 432-448.

Pine II , B.J. and J. H. Gilmore

    1999   *The Experience Economy.* Boston: Harvard Business School Press（邦訳＝電通「経験経済」研究会訳『経験経済』流通科学大学出版、2000年）。

Pond,K.L.

    1993   The Professional Guide: Dynamics of Tour Guiding. New York: Van Nostrand Reinhold.

Prentice, R. and D. Light

    1994   Current Issues in Interpretative Provision at Heritage Sites. In Seaton, A.V. ed. *Tourism: The State of the Art.* Chichester: John Wiley & Sons.

Prosser, R.

    1994   Societal Change and the Growth in Alternative Tourism. In Cater E. and G. Lowman eds. *Ecotourism: A Sustainable Option? Chichester: John Wiley & Sons.*

Ritzer, G. and A. Liska

    1997   'McDisneyization'and'Post-Tourism': Complementary Perspectives on Contemporary Tourism. *In* Rojek, C.and J. Urry (eds.) *Touring Cultures: Transformations of Travel and Theory.* London/New York: Routledge.

リッツア、G.

    1999   『マクドナルド化する社会』正岡寛司監訳、早稲田大学出版部。

ルフェーヴル、アンリ

    2000   斉藤日出治訳『空間の生産』青木書店。

ルーマン、N.

    1990   大庭健・正村俊之訳『信頼　社会的な複雑性の縮減メカニズム』勁草書房。

    1993   佐藤勉監訳『社会システム理論（上）』恒星社厚生閣。

Roche, M.

    1996   Mega-events and Micro-modernization: On Sociology of the New Urban Tourism," *In* Apostolopoulos, Y. et al.(eds.) *Sociology of Tourism.* London: Routledge.

Ryan, C.

    1997   The Chase of a Dream, the End of a Play. In Ryan Chris ed. *The Tourist Experience.* London: Cassell.

佐々木亮

2010 『評価理論 —評価額の基礎—』多賀出版。

Schmidt, C. J.
1979 The Guided Tour: Insulated Adventure. *Urban Life* 7(4): 441-467.

Schudson, M. S.
1979 Review Essay: On Tourism and Modern Culture. *American Journal of Sociology* 84(5): 1249-1258.

Shaw, G. and A. M. Williams
1994 *Critical Issues in Tourism: A Geographical Perspective.* Oxford: Blackwell.

Smith, S. L. J.
1994 The Tourism Product. *Annals of Tourism Research* 21: 582-595.

Smith, V. L.
1992 Boracay, Philippines: A Case Study in "Alternative" Tourism. In Smith V. L. and William R. Eadington eds. *Tourism Alternatives: Potentials and Problems in the Development of Tourism.* Philadelphia:University of Pennsylvania Press.

Smith, V. L. and W. R. Eadington eds.
1992 *Tourism Alternatives.* Philadelphia: University of Pennsylvania Press.

Swarbrooke, J.
1995 *The Development and Management of Visitor Attractions.* Oxford: Butterworth-Heinemann

Theobald, W. F. ed.
1994 *Global Tourism.* Oxford: Butterworth Heinemann.

Tilden, F.
1977 *Interpreting Our Heritage* (Third Edition). Chapel Hill: University of North Carolina Press.

鶴見和子
1996 『内発的発展論の展開』筑摩書房。

Urry, J.
1988 Cultural Change and Contemporary Holiday-making. *Theory, Culture & Society* 5: 35-55.
1990a The 'Consumption' of Tourism. *Sociology* 24(1) 23-35.
1990b *The Tourist Gaze: Leisure and Travel in Contemporary Societies,* London:Sage Publications.
1995 *Cunsuming Places.* London/New York: Routledge.

Uzzell, D.
1985 Management Issues in the Provision of Countryside Interpretation, *Leisure Studies* 4: 159-174.

1988   The Interpretative Experience. In Canter, D. et al. eds. *Ethnoscapes*: Vol.2, Environmental Policy, Assessment and Communication. Aldershot:Avebury.

1998   Planning for Interpretive Experiences. In Uzzell, D. and R. Ballantyne eds. *Contemporary Issues in Heritage and Environmental Interpretation*. London: The Stationary Office.

Van Maanen, J. and A. Laurent

1993   The Flow of Culture: Some Notes on Globalization and the Multinational Corporation. In Ghoshal S. and D. E. Westney eds. *Organization Theory and the Multinational Corporation*. London: St.Martin's Press.

von Droste, B. et.al.

1992   Tourism, World Heritage and Sustainable Development. UNEP Industry and Environment（July - December）: 6-9.

和田充夫

1998   『関係性マーケティングの構図』有斐閣。

Weaver, D.B.

1999   Magnitude of Ecotourism in Costa Rica and Kenya. *Annals of Tourism Research* 26: 792-816.

Wight, P.

1994   Environmentally Responsible Marketing of Tourism. In Cater, E. and G. Lowman eds. *Ecotourism: A Sustainable Option?* Chichester: John Wiley & Sons.

Wilson, A.

1992   The Cluture of Nature: North American Landscape from Disney to the Exxon Valdez. Cambridge MA & Oxford UK:Blackwall.

山岸俊夫

1998   『信頼の構造』東京大学出版会。

安福恵美子

1998   「マッカーネルの観光理論からみた世界遺産観光の構造分析」『観光研究』 9（2）: 1-8。

2000a   「文化表象としてのツーリズム――近代におけるアトラクションの社会的構築――」『ソシオロジ』44(3): 93-107。

2000b   「ヘリテージ・ツーリズムのダイナミックス：相互作用の場としてのヘリテージ」石森秀三・西山徳明編『ヘリテージ・ツーリズムの総合的研究』国立民族学博物館調査報告21: 143-152。

2001   「エコツーリズムという概念に対する一考察：マス・ツーリズムとの共生関係へ向けた視点から」石森秀三・真板昭夫編『エコツーリズムの総合的研究』国立民族学博物館報告23: 101-109。

2006 『ツーリズムと文化体験―＜場＞の価値とそのマネジメントをめぐって―』流通経済大学出版会。

2014 「地域資源と観光ボランティアガイドの関係性に関する一考察」『綜合郷土研究所紀要』No.59, pp.101-114.

2016 『「観光まちづくり」再考―内発的観光の展開へ向けて―』（編著）古今書院。

2017a 「まちづくりとしての観光防災―三重県伊勢市「おはらい町」の取り組みを中心として―」『地域政策学ジャーナル』（愛知大学地域政策学部地域政策センター）第7巻，第1号，pp.3-14。

2017b 「地域の観光振興と防災対策に関する検討とその課題 －静岡県を事例として－」（『地方自治研究』vol.32, No.1. pp.13-2。

2019 「北海道胆振東部地震における観光客支援に対する検討と課題―札幌市を中心として―」『地域安全学会論文集』No.35, pp.77-87。

2020 「観光振興と地域マネジメント」安福恵美子・天野景太『都市・地域観光の新たな展開』古今書院 pp.136-155。

2022 「新型コロナウイルス感染拡大による札幌市民の観光振興に対する意識変化に関する研究」『地域政策学ジャーナル』第11巻 pp.21-35

2023 「コロナ禍における札幌市中央区民の観光振興に対する意識調査―都市観光の持続性という視点から―」『地域政策学ジャーナル』第12巻 pp.23-35

山田雄一

2017 「デスティネーション・マネジメント」『観光文化』234号, pp.38-42。

米原あき・佐藤真久・長尾眞文

2022 『SDGs 時代の評価』筑波書房。

Zukin, S.

1993 *Landscapes of Power: From Detroit to Disney World*. Berkeley and Los Angeles: University of California Press.

索　引

【著者紹介】

安福　恵美子（やすふく　えみこ）

愛知大学地域政策学部　教授

主要著書

『ツーリズムと文化体験　―＜場＞の価値とそのマネジメントをめぐっ
　　て―』流通経済大学出版会（2006年）。
『「観光まちづくり」再考』（編著）古今書院（2016年）。
『都市・地域観光の新たな展開』（共著）古今書院（2020年）。

ツーリズム・プロダクトの社会的価値
「魅力」という表象

発行日　2023年10月10日　初版発行

著　者　安　福　恵美子

発行者　上　野　裕　一

発行所　流通経済大学出版会
　　　　〒301-8555　茨城県龍ケ崎市120
　　　　電話　0297-60-1167　FAX　0297-60-1165

Printed in Japan/アベル社
ISBN978-4-947553-99-7 C3065 ¥1800E